あたらしい盆栽の教科書

ちいさな景色盆栽をつくる・愛でる・育てる

景色盆栽作家

品品 小林健二

X-Knowledge

日々せわしなく暮らす現代の人は、
自然の変化を味わう機会があまりないかもしれません。
木や草、花、土などに触れることも少なくなっているでしょう。

景色盆栽は、小さな鉢の中に広がる大きな景色です。
鉢中に山や丘、雑木林、渓流、湖畔などの
美しい景色を楽しむことができます。
手のひらサイズの可愛らしさと凛とした格好よさも魅力です。
「小さな大自然」こそ景色盆栽の醍醐味なのです。
鉢を変えたり、敷きものや置き台などのしつらえを工夫することで、
インテリアの趣きを一変させることもできます。

半面、植物は実に素直で正直です。
泣いたり笑ったりできませんので、植物の細かな変化に気付く
細やかな心づかいが大切になってきます。
そんな心の余裕を持つことは植物を育てる一方で、
人として魅力的に成長するためにも大切なことだと思います。
人間には到底つくることのできない自然の美しさや
壮大さに人は癒され、励まされます。
皆さんも景色盆栽に四季の趣きを感じながら過ごしてはいかがでしょうか。

品品　小林健二

小林健二

Kobayashi Kenji

景色盆栽店「品品」代表。オレゴン州ポートランドで、栽培しながら景色をつくる「栽景」を学ぶ。帰国後、景色盆栽という独自のスタイルを確立して品品を創設。現代の生活と植物を結び付け、植物によって人々の心を豊かにすることを信念とする。景色盆栽の魅力を伝えるべく、景色盆栽教室や個展、テレビ、雑誌など多方面で活躍中。

品品

sinajina

住所	〒158-0083 東京都世田谷区奥沢 2-35-13
TEL	03-3725-0303
FAX	03-3725-0360
URL	http://www.sinajina.com/
メール	info@sinajina.com
営業時間	10：00 ～ 19：00
定休日	水曜
アクセス	東急東横線　自由が丘駅から徒歩 5 分 東急目黒線　奥沢駅から徒歩 5 分

あたらしい盆栽の教科書

ちいさな景色盆栽をつくる・愛でる・育てる

盆栽協力　後藤隆一（品品）
カバー・本文デザイン　藤牧朝子
写真　谷本夏（studio track 72）
撮影協力　宮坂醸造
小田嶋家
イラスト　稲月ちほ
DTP　中川清（EDITEX）
編集協力　杉山梢
印刷　図書印刷株式会社

※本書は、2007年2月発行の
『BONSAI × Life（盆栽ライフ）』を
再編さんしたものです。

〈盆栽づくりに必要なもの〉

さあ、盆栽づくりのはじまりです。
まずは盆栽づくりに必要な道具をはじめ、
主役となる植物の苗、
世界観を彩る鉢、土、化粧砂の
選び方のポイントをお教えします。

盆栽づくりに使う
基本の道具を揃える

盆栽をつくるに当たっては、まず道具をそろえます。盆栽専門店のほか、園芸店やホームセンターなどで入手できる道具もあります。身近な日用品で代用できる場合もあります。

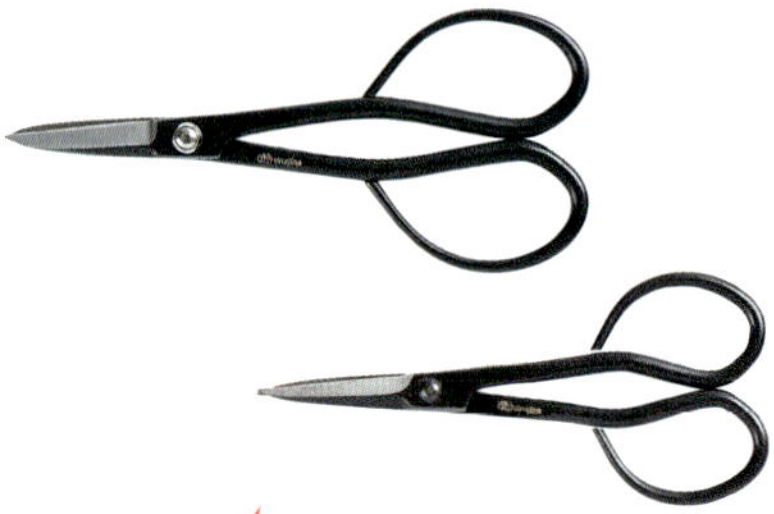

剪定バサミ

枝や葉の剪定の際に使うハサミ。小品盆栽で用いるなら、やや小ぶりのハサミがおすすめ。大きめのものと小さめのものの2種類あると便利です。写真のハサミは銅製ですが、ステンレス製もあります。

花切りバサミ

切り花用のハサミですが、苗の植え付けの際、根を切るときにも用います。太めの枝を切る際などにも使えます。

又枝切り

又になっている枝をえぐるように幹から切り取るハサミ。刃先が鋭く、入り組んだところにも刃先を入れやすいのが特徴です。又枝切りで切ってしまっても、その部分の傷の治りは早いです。

針金切り

鉢底ネットを取り付ける針金や、枝を固定するアルミ線、針金を切るときに用います。工具のニッパーなどでも代用できます。

コテ付きピンセット

ピンセットは、苔を張るときや、枯れた葉を摘み取るときに用いるほか、根をほぐす際にも使います。コテは、用土や化粧砂を平らにならすときに使います。

コテ付き熊手

熊手は、しっかり張っている根や固い根などをほぐすときに使います。コテは、用土や化粧砂を平らにならすときに使います。

土入れ

用土や化粧砂を鉢に入れるときに使います。いろいろな大きさのものがあるので、いくつか種類を用意しておくと便利です。

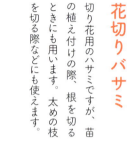

霧吹きスプレー

長めのノズルを備え、ストローの先にオモリが付いていて、本体を傾けてもスプレーできるものが使いやすいです。

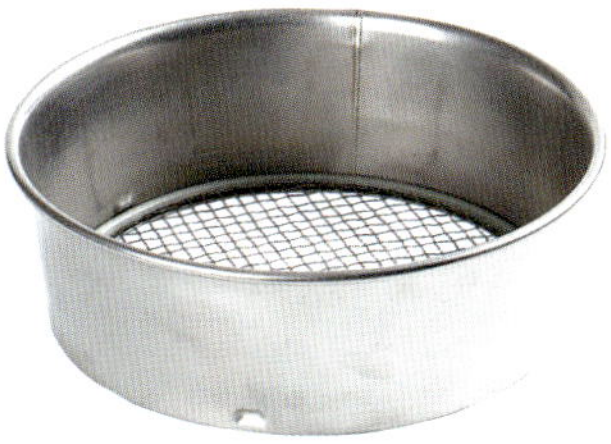

ふるい

用土や化粧砂をふるい分けるときに用います。網目の細かさがいろいろあるので、何種類か用意しておくと便利です。

丸箸

用土を突いて根の隙間にしっかり土を入れるときに使うほかに、苔を張るときや根をほぐすときに用います。先が細いものがよいです。

回転台

台の上に鉢を載せて回転させることで、さまざまな角度から確認しながら植え付け作業を行えます。

盆栽用アルミ線

鉢底ネットを鉢に取り付けるときや、枝を固定する針金かけのときに使います。いろいろな太さのものがあるので、用途に応じて使い分けましょう。

おけ

ポットから苗を取り出す、根をほぐす、根を洗う、用土を配合するときなど、いろいろな作業で使います。洗面器で十分代用できます。

鉢底ネット

鉢底穴から土の流出を防ぐとともに、虫の侵入を防ぐ役目もあります。シートタイプのものを鉢底穴の大きさに合わせ、切って使うとよいでしょう。

ふきん

手ふき用、掃除用としてはもちろん、苗の根を洗った後の水分をよく取るときにも使用します。作業の際は2、3枚用意しておきましょう。

手ぼうき

作業台の上に散らばった土や砂などを掃除するときに用います。細かい土も掃けるように、こしがやわらかいものが好ましいです。

お気に入りの植物を植える

鉢を選ぶ

鉢は、大きさや形、色、素材によってさまざまな種類がありますが、好みやライフスタイルに合ったものを選べばよいでしょう。ただし、植物を大事に育てるために、いくつか注意しておきたいことがあります。

まず、鉢底穴が鉢の内側から抜かれたものか、外側から抜かれたものかを注意して見ます。好ましいのは、鉢の内側から穴が開けられたもの。外側から開けられた鉢の場合、鉢底穴の周辺が内側に対して盛り上がり、水が鉢の中にたまりやすくなります。その結果、根腐れの要因となることがあります。

平鉢のように鉢底の面積が広い場合は、鉢底穴が複数個空いているものが水はけがよいので安心です。さらに通気性を確保するため、高台や脚が付いているものを選ぶのもポイントです。このほか、内側に釉薬がかかっている器は、通気性が悪くなるので避けたほうが無難でしょう。

応用的ですが、鉢底穴の空いていない器を鉢として用いることもあります。その場合は、根腐れ防止のため室内栽培用土を用います。

98ページ以降の「いろいろな鉢の魅力」でも、さまざまな鉢を紹介しているので、併せて読んでください。

◎鉢の大きさ

鉢の大きさは、直径3cm以下の豆鉢から、手のひらサイズの小鉢、さらに中鉢、大鉢までさまざまです。鉢の高さは、植物の高さ7に対して鉢の高さが3（あるいはその逆）という割合だと調和が取れやすいです。また、鉢が小さいほど用土の量が減り乾きやすくなるので、水やりに注意が必要です。

大鉢

小鉢

中鉢

◎鉢口の形

鉢を真上から眺めてみると鉢口にもいろいろな形があるのがわかります。

正方形と正円の口は縦横比が同じなため、バランス的にも安定感があります。直幹はもちろん、動きがある樹木でも調和が生まれるので、初心者でも植え付けやすいでしょう。

長方形は、植物の動きを生かしたい場合に適した形です。対角線を意識して植え付けると、景色をつくりやすいです。また、風景写真のように空間の一部をフレームで切り取ったような表現が可能です。

楕円は、鉢の縁が曲線のため、見えない部分の景色を想像させるような永続感や、奥行き感を生み出しやすいです。

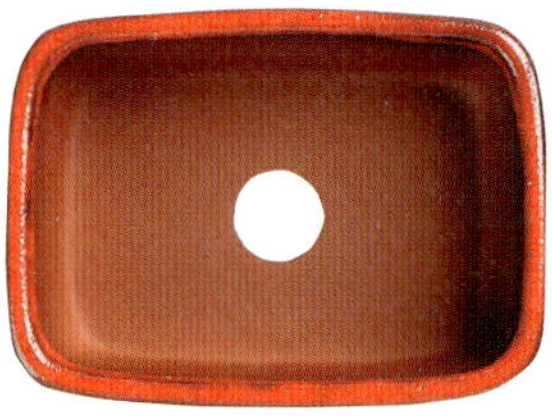

長方形

正方形

楕円

正円

◎鉢の種類

鉢の形ひとつ取っても種類は千差万別。ここで紹介するのはそのほんの一部ですが、よくお店で見かける鉢について、特徴をお話しします。

懸崖鉢《けんがい》

高さがある筒状の鉢。直幹のような樹木よりは、枝や幹に動きのある模様木や、鉢の縁より下に枝や幹が垂れ下がるような懸崖（けんがい）と呼ばれる形状の植物を植え付ける際に適している。

丸鉢

なだらかな曲面により、柔らかさを演出し奥行きを感じさせる鉢。写真の鉢は、鉢口に向かって包み込むような形状のため、保水性も高い。

脚付き

写真で見てわかる通り「脚」が付いた鉢。地面から浮いているため、通気性に優れる。脚のない鉢に比べ、鉢としての存在感が際立つ個性的なものが多い。

皿鉢

杯のように鉢口から鉢底に向かってすぼんでいる鉢。鉢口にいくに従って広がる形状が、木々が伸びやかに広がる林などを表現する際に適している。

平鉢

鉢口が広く高さが低い鉢。植物が地表に近い分、地面を切り取ったような景色を生み出しやすく、植物が大きく見える。水はけをよくするため、鉢底穴が複数個あるものが好ましい。

豆鉢

直径3cm以下程度の鉢。豆鉢で仕立てられた盆栽のことを「小品盆栽」ともいう。種から植物を育てる「実生もの」にも用いられる。用土が少なく乾きやすいので、水やりに注意が必要。

◎鉢の準備

鉢を選んだら、土こぼれと虫の侵入を防ぐため、鉢底にネットを敷きます。

1 鉢底ネットを、鉢穴より二回りほど大きいサイズにカットする。

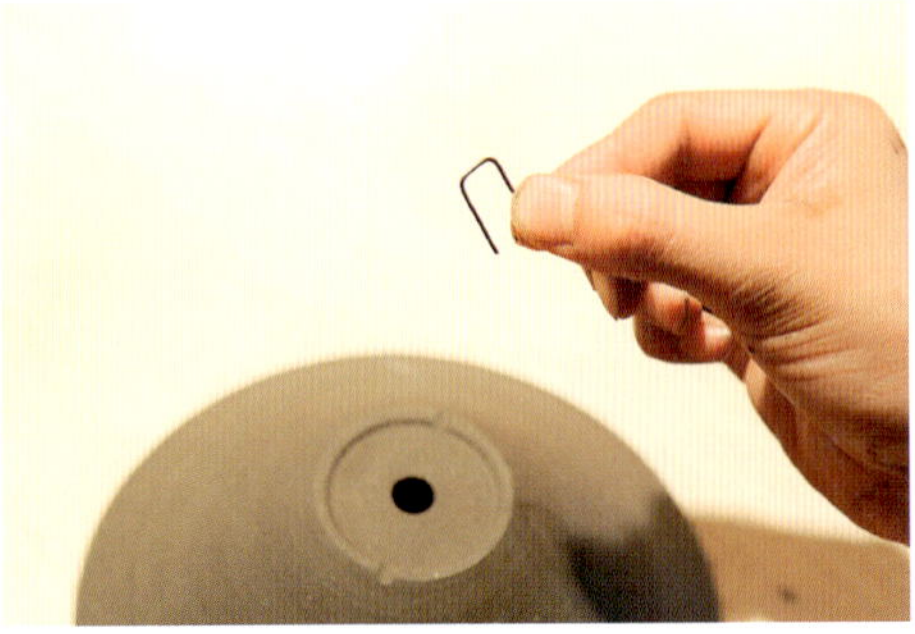

2 盆栽用アルミ線を適度な長さでカットして、「コ」の字型に曲げる。

3 鉢底ネットにアルミ線を通す。

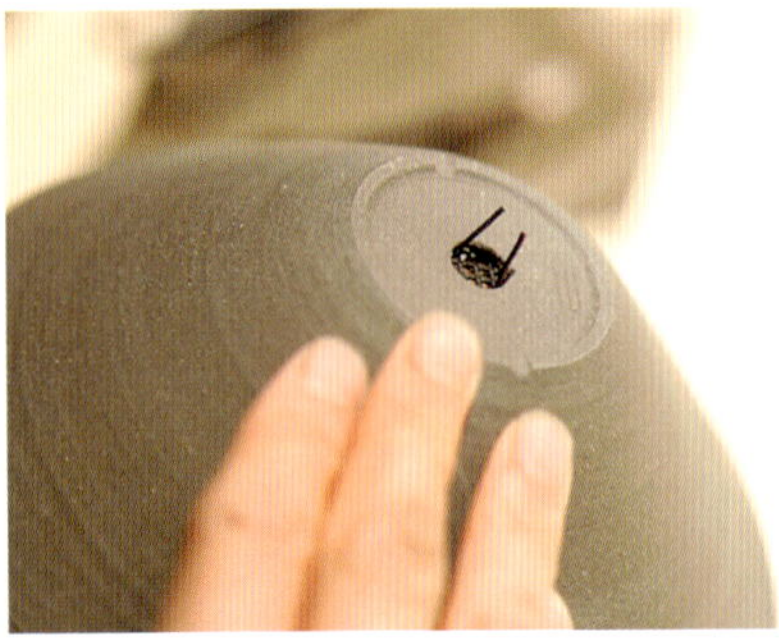

4 鉢の内側から、鉢底穴にアルミ線を通す。

5 鉢を裏返し、飛び出したアルミ線を外側に折り込み、しっかり固定する。

6 完成。

盆栽の主役となる

苗を選ぶ

植物の苗は、園芸店やホームセンターの園芸コーナーなどでも入手できます。ただ、盆栽の素材としてより適した苗を手に入れたければ、盆栽専門店に足を運ぶことをおすすめします。専門店であれば、苗選びはもちろん、植え付け後の肥料の与え方や水やり、病気対策などメンテナンスに関わることまで、トータルで相談に乗ってくれるところが多いからです。近くに専門店がないという場合でも、インターネットで注文を受け付けているお店も多いので、通信販売を利用するのもひとつの方法でしょう。

苗は、できるだけ健康なものを選びましょう。病気にかかっていたり、枝や葉が枯れている苗を避けるのはもちろんですが、不自然に花実が付きすぎていたり、葉がきれいすぎる苗も考えものです。これらは肥料を過剰に与えられたり、農薬の類を用いて育てられた可能性があるからです。そのような苗の中には、家に持ち帰って育て始めた途端に弱ってしまうものも少なくありません。

苗は、おおまかには「枝もの」と「草もの」に分けられます。同じ種類の苗でも、人の顔同様に一つひとつ表情が違うので、自分のイメージに合わせて吟味するとよいでしょう。

◎苗の種類

苗は、おおまかには「枝もの」と「草もの」に分けられますが、さらに細かく落葉／常緑、花もの／実ものなどさまざまな種類があります（83ページ以降参照）。

枝もの

樹木の苗を「枝もの」といい、落葉／常緑、花もの／実ものなどさまざまな種類がある。枝ものは鉢の中で主役とする「主木」となる場合が多い。まず、主木となる苗を選び、その上で「添え」となる苗を選ぶのが一般的だ。幹の太さや枝の流れといった見た目の部分にも留意しよう。

草もの

山野草などの「草もの」の苗は、枝ものの「添え」としてだけでなく、樹木を一切使わずに草ものを主としてつくる草盆栽にも用いられる。枝ものを用いた盆栽が、現実の風景を縮小したスケールなのに対して、草ものを主体とした盆栽は、1：1のスケールを意図してつくる場合が多い。

◎苗選びのチェックポイント

苗を選ぶ際には、健康なものか、花が咲く前か、枝ぶりはよいか、の三つのポイントに留意しましょう。

ポイント① 健康な苗を選ぶ

葉が白っぽいものは病気の可能性があるので避けます。また、ケースに収まっているポット苗などは、管理の仕方によっては、風通しや日当たりが悪いせいで、葉が黄色く変色したり枝が枯れかけている苗が紛れていることがあるので注意します。

写真はどちらもコケモモのポット苗ですが、右側はやや元気がない状態です。管理の仕方によって、同じ種でもこれだけ見栄えが変わります。

ポイント② 花が咲く前の苗を選ぶ

花ものは、花が咲く前、せめてつぼみの状態の苗を選ぶとよいでしょう。すでに花が咲いている苗を選んでしまうと、あとは散るだけ。それでは楽しみが薄くなります。じっくりと時間をかけて育てていく中で、つぼみを付け、花を咲かせる過程を楽しめるのが盆栽の醍醐味です。

実ものについても同様のことがいえます。

ポイント③ 枝ぶりのよい苗を選ぶ

主木となる枝ものは、枝ぶりにポイントを置いて選びます。例えば、幹が下から上まで同じ太さよりは、下から上にいくにしたがって細くなっているものが好ましいです。また、枝分かれが多く、枝の曲がり方に変化があると楽しみ方の幅が広がります。

写真の例では、左側の苗のほうが主木として使いやすいでしょう。

◎苗の準備

苗を入手したら、盆栽にするために準備します。苗をポットから出し、枝や葉、根の手入れを行います。

1 ポットの下の部分を押し出すようにして苗を取り出す。出にくい場合は、幹のできるだけ根元をつまんでそっと抜き出す。このとき、根が切れないように注意する。

2 ポットから取り出す前、あるいは取り出した後に、枯れた枝をハサミで剪定したり、傷んだ葉をピンセットでつまみ取る。

3 ほかの植物などが土に紛れ込んでいる場合はピンセットで取り除いておく。

4 箸やピンセットで根を少しずつほぐしながら、古い土を取り除く。水を追い求め土の外側を回るように張っている根は、多少力を入れてほぐしてもよい。ただし、内側の根は植物の生長に必要な根なので丁寧に扱う。

5 根が繊細な植物を扱う際や、寄せ植えをする場合などは根を洗う。根以外の部分は極力水に浸けないようにして、指の腹でやさしくほぐすようにして洗う。根を洗ったら、ふきんではさみ、軽く押さえるようにしてよく水分を取る。

6 根が鉢に収まりきらなかったり、根が張りすぎて根詰まりが起こりそうな場合は根を切る。ただし、生長期などに根を切るのは避けたい。根を切る際は、直根といわれる太い根や、水を追い求めて長く伸びた根などを切り、細かい根は残す。

植物に合った土を配合 土を選ぶ

ひと口に「土」といっても、さまざまな園芸用土が市販されています。それぞれの特質や植物との相性などを踏まえて、適切な土を選びます。盆栽の土には、「保水性」と「排水性」が求められます。加えて必要十分な養分を持つ用土がよく、硬質の土が適しています。

ちなみにガーデニングなどでよく用いられる培養土は、盆栽用土としてはあまりおすすめしません。養分は多く含まれますが、それによって植物の根が張りすぎて、根詰まりの状態になることがあります。そうなると、水はけや通気性が悪くなり、植物が弱ってしまうので注意が必要です。

◎盆栽用土の種類

盆栽用土として用いられる主な土を紹介します。盆栽では、これらを配合して使うことが多いです。

富士砂

富士山溶岩の火山礫。多孔質で、排水性、保水性ともに持ち合わせる。硬質なので通気性もよく、基本となる用土に混ぜることにより、土が圧縮されて固まることを抑止できる。

赤玉土

関東ローム層から出る土で、火山灰土が粒状になったもの。排水性、保水性のバランスがよく、園芸用土として広く用いられている。小品盆栽では、主に小粒を用いる。「硬質赤玉土」がおすすめだ。

桐生砂

群馬県の桐生市周辺が産地で、火山砂礫が風化して生成された土。通気性に富むので、基本となる用土に混ぜて使用することが多い。酸性を好む植物や、山野草の栽培に混合用土として利用される。

鹿沼土

栃木県の鹿沼市周辺が産地で、火山砂礫が風化して生成された土。通気性、排水性に富む。湿った状態では黄色だが、乾燥させると淡黄白色に変化する。酸性に弱い植物には向かないので注意が必要だ。

セラミス・グラニュー

ドイツの山地ヴェスターヴェルト産の粘土を原料とした多孔質の室内栽培用土。無菌、無臭で、適量の水を与えると100%吸収し、保水する。鉢穴のない器などで、根腐れ防止策として敷き詰める。

ケト土

水辺の植物が土に堆積して炭化したもの。保水性に富み、養分を多く含む半面、水はけはあまりよくない。粘性が強く、形をつくりやすいため、苔盆栽や草玉をつくる際は、ケト土を多めに配合する。

◎土の配合

一般的に盆栽用土は、数種類の土を配合して用います。具体的には、排水性と保水性の均整が取れた「赤玉土」を3、水はけがよい「富士砂」を1、保水性に富んだ「ケト土」を1の割合で配合したものを基本とします。この配合であれば、山野草から落葉樹まで幅広く植え付けることができます。

基本の土の配合

赤玉土3：富士砂1：ケト土1

排水性、保水性のバランスがよい赤玉土を中心に、通気性に富む富士砂、養分を含むケト土を配合した土を基本とする。山野草から落葉系の枝ものまで幅広い植物に対応できる。湿地を好む植物ならケト土をやや多めに、乾燥気味の土を好むなら富士砂をやや多めに、といった具合に調節する。

ケト玉の配合

赤玉土1：富士砂1：ケト土3

苔ものや草玉、石付きなどに用いる土の配合。保水性の高いケト土を中心にしながら、赤玉土と富士砂を混ぜることによって、排水性も確保する。粘性があるので、形をつくりやすいのが特徴。

松柏類の土の配合

赤玉土7：富士砂3

マツ科、スギ科、ヒノキ科、イチイ科などの松柏類は、恒常的に養分を与えるのではなく、適切な時期に養分を与える。そのため、土に多くの養分がなくても大丈夫なので、水はけがよい赤玉土と富士砂を配合した土を用いる。

◎土の混ぜ方

配合する土を用意したら、土の粒がそろうように混ぜる。

1 おけに基本の配合の土を用意する。緩効性肥料（真ん中の白い粒）を適量加えるとよい。

2 大きな玉になっている土を指で丁寧にほぐす。

3 玉にならないよう気をつけながら、両手でもみほぐすようにしてまんべんなく土を混ぜていく。

4 土の粒が全体的にそろい、見た目にふわっとやわらかくなったら完成。

◎ケト玉のつくり方

苔ものや草玉などに使用するケト玉のつくり方を解説する。

1 おけにケト玉の配合の土を用意する。緩効性肥料を適量加えるとよい。

2 霧吹きで適度に水を加えながら、パン生地やそば粉の要領で練る。

3 粘りけや光沢が出てきて、パン生地程度の硬さになったら完成。

4 完成したら野球のボール大に丸め、ラップなどで包んで保管しておくとよい。

景色を表現し、空間を演出する
化粧砂を選ぶ

化粧砂とは鉢の表面、土があらわになった部分に、文字通り化粧をするように敷き詰める砂のことです。

化粧砂には、単に土を覆い隠すだけでなく、つくり手が想像する景色を鉢の中に表現する上で大切な役割があります。砂の選び方、使い方ひとつで、その景色が山か海か川か、季節は春か秋かといった自然の情景を伝えることができます。あるいは、盆栽を飾る空間に合わせて、都会的なイメージを演出したり、古式ゆかしい庭園の情緒を醸し出したりするといった場合にも化粧砂は効果的です。植え付けた植物だけでは伝えきれないイメージを、化粧砂によって表現できるのです。

また、化粧砂には、土の乾き具合を確かめられるという育成上の実益もあります。苔で表面を覆うと土中の水分量がわかりにくいのですが、化粧砂が乾いていれば水のやり時という合図になります。

化粧として炭を引いているものをたまにみかけますが、炭は浄化作用が強く、植物に必要な養分も浄化してしまう可能性があるので注意が必要です。

◎化粧砂の種類

化粧砂として用いられる主な砂を紹介します。

鞍馬砂

京都府鞍馬山系山中から産出される鞍馬石。それを砕石した際などに出る粒状の砂で、酸化鉄を含むため茶褐色をしている。希少なためやや高価だが、京都の石庭のような上品な風情を醸し出せる。

富士砂

富士山溶岩の火山礫。苔の緑がよく映えるシックな黒色が特徴で、モダンなイメージを演出できる。保水性があり、盆栽の基本の土にも含まれる砂であり、植物の育成面でも相性がいい。

鹿沼土

栃木県の鹿沼市周辺が産地で、火山砂礫が風化して生成された土。用土としても用いられるが、極小のものは化粧砂として使える。湿った状態では黄色だが、乾燥すると淡黄白色になる。

矢作砂

愛知県矢作川で産出される川砂。さまざまな山から運び込まれた川砂のため、色どりが豊かで、品がありながらどこか暖かみも感じさせる。特に寄せ植えや草ものなどにあしらうと、いっそう華やかさが増す。

御影石

写真の白御影のほか、黒御影、桜御影、赤御影など、色調や模様によってさまざまな種類がある。庭石としてもよく使われている砂利。粒の大きさもさまざまあるので、つくる景色のスケールによって使い分けるとよい。

桐生砂

群馬県の桐生市周辺が産地で、火山砂礫が風化して生成された土。用土としても用いられるが、極小のものは化粧砂として使える。全体としては茶系だが、白っぽい粒や黒っぽい粒が入り混じっている。

那智黒

玉砂利の一種で、水に濡れた際の独特の光沢感が特徴。砂に比べて粒が大きめなので、石の表情が際立ち、高級感が漂う。同じ黒色ではあるが、富士砂とは違った趣きを見せる。

さび砂利

鉄分を多く含んだ砂利で、表面がさびに覆われているため茶系の色合いとなっている。和風庭園のようなわびさびを表現できる。ただし、鉢にさびが付着する可能性があるので、白磁の器などを用いる際は注意したい。

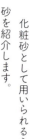

〈いろいろな盆栽のつくりかた〉

盆栽にはさまざまな種類があります。
ここでは、基本となる「一本もの」
複数の植物を1つの鉢に植える「寄せ植え」
苔を主役にした「苔盆栽」
苔玉に植物を植える「苔玉」
それぞれのつくりかたを解説します。

盆栽をつくる①

一本ものの盆栽をつくる

1本の苗で景色を演出する 盆栽づくりの基本

盆栽づくりの第一歩として、まず植物をじっくりと眺めます。どのアングルから見たときにその植物が一番大きく見えるのか、迫力があるのか、奥行きを感じられるのか、といったことを考えます。

苗を植えるに当たっては、「正面（表）」と「背面（裏）」を決めます。大抵の人は、葉が見える側

◎材料

ここでは、ヤマモミジの苗を使って、シンプルながらもモダンな景色をつくります。

[苗]

アラハシラガゴケ

ヤマモミジ

[鉢]

丸鉢
（直径8cm／高さ5cm程度）

[土]

鉢底石
富士砂（中粒）

用土
赤玉土3：富士砂1：ケト土1の配合

を正面と捉えがちですが、盆栽の世界ではこれを「葉面（はおもて）」と呼び、一般的に正面としては用いません。例外もありますが通常、幹や枝が美しく見える側、いわゆる「幹面（みきおもて）」と呼ばれる方向を正面に据えます。木の幹や枝の動きを見せることで、植物本来の「生きている姿」をより印象強くすることができるのです。

　また、植物にはそれぞれ「動き」があります。幹が真上にまっすぐ立ち上がっているもの、曲がりくねっているもの、その形は千差万別です。植物の動きを生かすことで、1本の苗でも迫力や遠近感を演出できます。さらに、空間構成に気を配ることで、鉢の中に「安定」を生み出します。これには、鉢の形状や苗を植え込む位置などが影響します。詳しくは、57ページ以降の「イラストでわかる盆栽づくりのルール」をご覧ください。

　入門者は、このような基礎を体得するためにも、まずは一本ものからつくることをおすすめします。

① 鉢を準備する

1 P.20を参考にして、鉢底ネットをアルミ線でしっかり固定する。

2 土入れを使って、鉢底石となる富士砂（中粒）を鉢底が隠れる程度に流し込む。

3 土入れを使って、用土を鉢底石が隠れる程度に流し込む。

② 苗を準備する

1 ヤマモミジの苗の根元を持ち、ポットからそっと取り出す。力任せに引き抜くと、枝が折れたり、根が切れたりするので注意する。

2 箸などで根を少しずつほぐしながら、根張りの状態を確かめつつ古い土を取り除く。水を追い求め土の外側を回るように張っている根は、多少力を入れてほぐしてもよい。内側の根は植物の生長に必要な根なので丁寧に扱う。

3

根をほぐし終えた状態。根が長く伸び過ぎている場合はカットすることもあるが、この程度であれば十分鉢に収まるので、このまま植え付ける。

3 植え付ける

1 根を傷めないように気遣いながら、箸や指を使って根を鉢の中に収める。

2 幹面を意識しながら、鉢のどの位置に苗を植え付けるかをいろいろと試してみる。ここでは、枝が45度くらいの角度で手前に向かってくるように配置し、勢いと安定を表現してみる。

3 だいたいの配置が決まったら、苗の位置を指で固定しながら、根が土の中に隠れるように土入れで用土を鉢いっぱいに流し込む。

4 根の隙間にきちんと土を入れ込むように、箸で全体的に用土を突く。根の隙間に土が入り込むと土が減るので、また用土を足し、箸で突くという作業を繰り返す。用土が徐々に締まってくる。

5 根の隙間全体に土が行きわたったら、苔を張りやすくするため、霧吹きで水を与え、軽く土の表面を平らに整える。小さな器ならコテではなく指でならしてもよい。

4 苔を張る

1 苔を張る範囲より、ひと回り大きな苔を用意する。張りやすい厚さにするため、裏側の古い苔を適度に指でむしる。

2 大きめの苔を中程まで割る。

3 苗の根元を囲むようにして軽く押さえつける。こうすると、苔の継ぎ目が目立たず、苗を固定することもできる。

4 鉢の縁からはみ出した苔を、箸で押し込むように鉢の中に収める。苔は伸縮性があるので、ややきつめに鉢に敷き詰めるとよい。

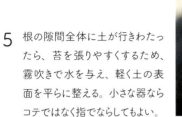

5 残りの隙間にも、同じ要領で苔を張る。小さめの苔を細切れに張るよりも、できるだけ大きめの苔を用いるのがきれいに見せるコツだ。

6 苔を張り終えたら、霧吹きで鉢を洗うようにたっぷりと水を与える。

完成

盆栽をつくる②

寄せ植えの盆栽をつくる

さまざまな植物を植え付け
景色盆栽の醍醐味を味わう

いろいろな種類の植物を1つの鉢に植え付ける「寄せ植え」では、まず一番見せたい主役である「主木」を決めます。そして、鉢の中の植物が互いに引き立て合うように、バランスに気を配りながらメリハリを付けることが肝心です。

例えば、ここで主木として用いるヤマコウバシは高木ですが、足元がやや寂しい感じがします。そこで、アクセントとして低木であるコケモモを足元に植え付けることで、自然の風景を切り取ったような印象を与えられるのです。

背の高さのバランスのほか、常緑樹／落葉樹、枝もの／草もの／花もの／実ものといった植物の特性を使い分けて寄せ植えを行うと、季節ごとに彩りやボリューム感が変化し、四季を通してさまざまな景色を楽しむことができます。

寄せ植えは、大きめの鉢を用いるため、苔や化粧砂のバランスにも気を配る必要が出てきますが、さ

◎材料

ここでは、ヤマコウバシとコケモモを用いて、京都の日本庭園のような趣の寄せ植えをします。

［苗］

アラハシラガゴケ

ニシベツコケモモ

ヤマコウバシ

［砂］

鞍馬砂

［鉢］

平鉢
（直径 20㎝／高さ 8㎝程度）

［土］

鉢底石
富士砂（中粒）

用土
赤玉土 3：富士砂 1：ケト土 1 の配合

まざまな景色を演出できる可能性が広がります。用いる苗の本数や配置には基本となる原則がありますが、57ページ以降の「イラストでわかる盆栽づくりのルール」を参考にしてください。

①鉢を準備する

1 P.20を参考に、鉢底ネットをアルミ線でしっかり固定する。

2 土入れを使って、鉢底石となる富士砂（中粒）を鉢底が隠れる程度に流し込む。

3 土入れを使って、用土を鉢底石が隠れる程度に流し込む。

②苗を準備する

1 ポットからヤマコウバシの苗を取り出し、箸で根を少しずつほぐしながら、古い土を取り除く。土に紛れ込んだ草などはピンセットなどを使って取り除く。

2 根がある程度ほぐれたら、根を水に浸けて指でやさしく洗う。古い用土をよく取り除き、新しい用土になじみやすくするためだ。このとき、苗によっては株分けも行える。

3 洗い終えたらふきんではさみ、軽く押さえるようにしてよく水分を取る。

4 コケモモの根は繊細なので、最初から水に浸けてやさしく指で洗いながら根をほぐす。根を洗い終えたら、ふきんではさみ、軽く押さえるようにしてよく水分を取る。

③ 植え付ける

1
ヤマコウバシの苗を鉢に入れる前に、まず主木を決め、幹面を意識しながら苗の配置や向きをいろいろ試す。一般的に、大きいほうの苗を主木に据えるとバランスをとりやすい。

2 配置のイメージができたら、足元にコケモモを添え、根元を束ねるようにして鉢に入れる。ヤマコウバシの幹がやや手前に向かってくるように、鉢の左斜め奥 7：3 の位置に配置する。

3 苗が崩れないよう指で固定しながら用土を鉢に入れ、根の隙間にきちんと土が入り込むように箸で用土を突く。土が減ったら用土を足し、箸で突くという作業を繰り返す。根がはみ出したら箸で土の中に収める。

4 根の隙間全体に土が行きわたり、根が土の中に隠れたら、苔を張りやすくするため、霧吹きで水を吹き付けながら土の表面をコテで平らに整える。あまり強くコテを押し付けると水はけが悪くなるので軽くでよい。

④ 苔を張る

1 張りやすい厚さにするため、裏側の古い苔を適度に指でつまみ取ったら、大きめの苔を中程まで割る。

2 コケモモの頭を持ち上げ、根元を囲むようにして苔を張る。

3 張った苔の端を箸で押し込むようにして植える。こうすることで苔が固定され、土に活着する。

4 同じ要領で細かい部分や苗の裏側にも苔を張り、景色をつくり上げていく。大小のメリハリを付けながら苔を用い、入り組みなどをつくると自然の景色に近づく。

5 化粧砂を敷く

1 土入れで用土の部分に化粧砂（鞍馬砂）を敷く。

2 水を含ませて平らにならすと砂の密度が詰まるので、この時点ではやや盛り上がる程度に入れる。

3

霧吹きで水を吹き付けながら砂の表面をコテで平らに整える。水を吹き付けないと砂がコテにくっついてしまい作業がしにくい。水やりの際に砂が流れ出ないようにするため、鉢の縁から約 2mm くらい下まで敷くとよい。

完成

盆栽をつくる③

苔盆栽をつくる

苔を主役に据えて
景色をつくりあげる

私たちにとって身近な植物の1つである苔は、盆栽においてさまざまな役割を担っています。

まず苔があることによって風情を演出し、見る側にわびさびを想起させることができます。「苔むす」という言葉があるように、日本人にとって苔は、長い時間の経過を表す共通語のようなもの。それだけで、悠久の時を経た景色であることを伝えられ、懐古の情を訴えることができるのです。

鉢の中に景色をつくるに当たっても、苔は構成要素として重要です。緑の広がる草原、なだらかに曲線を描く山や丘陵、小島などを表現する際に苔が必要となりま

す。大中小と大きさを使い分け、入り組みなどをつくると、遠近感や広がりを生み出すことができ、さまざまな景色を演出できます。

また、植物の育成においても苔は機能的な役目を果たしています。例えば、豊かな林の中に自生するヤマゴケは、土中の水分を保水することに貢献しています。これは盆栽でも同様で、苔を張ることで鉢の土の乾燥を防ぐことができるのです。

◎材料

ここでは、しなやかなアブラチャンを主木に用いますが、アラハシラガゴケの存在感が際立つ、海に浮かぶ島々のような景色をつくります。

［苗］

アブラチャン

アラハシラガゴケ

［鉢］

漆器
（約 40cm四方）

［砂］

富士砂
（極小）

［土］

ケト玉
赤玉土１：富士砂１：ケト土３の配合

室内栽培用土
セラミス・グラニュー

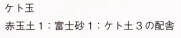

1 鉢を準備する

1 ここで使用する鉢のように水を抜く鉢底穴がない場合は、根腐れを防止するため、室内栽培用土（セラミス・グラニュー）を用いる。鉢底一面に1cm程度、室内栽培用土を入れる。

2 室内栽培用土を入れたら、軽く手でならしながら平らに整える。

2 苗を準備する

1 枯れ枝などをハサミで切り落とし、ポットからアブラチャンの苗を取り出す。

2 箸で根を少しずつほぐしながら根張りの状態を確かめつつ古い土を取り除く。

3 ある程度根がほぐれたら、水に浸けてやさしく洗い、古い用土をよく取り除く。

4 洗い終えたらふきんではさみ、軽く押さえるようにしてよく水分を取る。

3 植え付ける

1 主木を決め、幹面を意識しながら苗の配置や向きをいろいろ試す。ここでは3本の苗を用いるが、これらを一列に並べるのではなく、三角形を形成するように配置する。

2
配置のイメージができたら、一握り程度のケト玉を根の中にもぐりこませ、根でケト玉を包むようにして定着させる。

3 根の間に土がよく入り込むように意識しながら、さらにその上から根をくるむようにケト玉を足していく。

4 大まかにケト玉の形を整える。

5 苗を植え付けたケト玉を鉢に配置する。位置が決まったら、ケト玉を固定するように回りに八分めくらいまで室内栽培用土を入れる。

6 用土の表面をコテで平らに整える。

7 苗の配置が終わったら、仕上がりをイメージしながら、粘土細工のような感覚でケト玉を用いて島をつくっていく。

8 入り組みの部分に離れ小島を置くなどするときれいに見える。徐々に形になってきたら、苔を張りやすくするため、ケト玉の表面を指でなだらかにならしておく。

4 苔を張る

1 苔をケト玉の上に張っていく。苔は軽く押さえつける程度に張れば、1週間くらいで活着する。

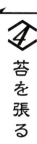

2 苔を張る土台となるケト玉の形通りに苔を張らなくてはいけない、というわけではない。バランスを見ながら張り付けていく。

5 化粧砂を敷く

用土の部分に化粧砂（富士砂）を敷く。霧吹きで水を吹き付けながら砂の表面をコテで平らに整える。

完成

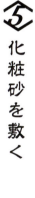

盆栽をつくる④

苔玉をつくる

◎材料

ここでは、センダンをケト玉に植え付け、その上にアラハシラガゴケを張ります。

[苗]

センダン

アラハシラガゴケ

[土]

ケト玉

赤玉土１：富士砂１：ケト土３の配合

丸く柔らかな質感を楽しむ 鉢いらずの盆栽

苔の柔らかな質感と、丸く愛らしい姿が、観る者に癒しを与えてくれる苔玉。草玉とも呼ばれ、もともとは「根洗い」という草もの盆栽の手法に端を発しています。

鉢の中で持ち込みした（長く育てた）植物は、ぎっしりと根が張り、鉢から取り出しても崩れることなく、その根が鉢のような役割を果たします。根洗いとは、このような植物を、鉢に入れずそのまま陶板や水盤などに置いて楽しむものです。ただ、長い時間をかけて植物を育てる必要があるため、根洗い自体はやや上級者向けの手法とされてきました。

その点、持ち込みをしなくてもつくることができる苔玉は、いわば簡易的な根洗いといえるでしょう。鉢いらずということもあり、いろいろな器や皿の上に置けるので、気軽に楽しめるのも魅力です。

苔玉に用いられる苔にはさまざまな種類があります。例えばハイゴケは、室内で育てると茶色くなりがちなので、ある程度日当たりのよいところで育成しながら部屋に飾るとよいでしょう。ヤマゴケは、ハイゴケに比べると光を必要としないため室内で育てるのに適していますが、直射日光を避けるようにします。

苔玉のつくり方には、いく通りかの方法がありますが、ここでは、苗をケト玉に植え付け、その上に苔を張り、糸を巻いて固定する方法を紹介します。

完成した苔玉のバランスが不安定で転がってしまうような場合は、浅めの器やしつらいの皿、砂利を敷いた上などに載せると安定します。日にちが経つと苔が活着して糸が隠れるくらいに育ち、美しい苔玉になります。

1 苗を準備する

箸でセンダンの根を少しずつほぐして、水に浸けてやさしく洗い、古い用土を取り除く。洗い終えたらふきんではさみ、軽く押さえるようにしてよく水分を取る。

2 植え付ける

1 ケト玉を直径 3cm大の球にまるめてセンダンの根の中に入れ、根でケト玉を包むようにして定着させる。

2 その上から根をくるむようにケト玉を足していく。根の間にきちんと土が入り込むように軽く指で押しながらケト玉を足す。

3 手の平で優しく転がすようにして、苗のボリュームとのバランスを考えながら、仕上がりの苔玉の大きさよりひと回り小さい球にする。

3 苔を張る

1 苗を植え付けたケト玉に苔を張る。裏側の古い苔を指でつまみ取り、通常用いる苔よりもやや薄めにしておくと、きれいな球形にしやすい。

2 ケト玉に苔を張ったら、おむすびを握る要領で握りしめ、球状に形を整える。

3 苔が崩れないように、目立たない色の糸（ここでは黒の木綿糸）で巻いて固定する。球状に形を整えながら四方八方から苔を固定するようにグルグル巻きにする。

4 苔玉が締まって硬くなってきたら、球状に形を整えて糸を切る。糸の先端を玉にして、ピンセットや箸で苔の中に埋め込む。

完成

ちょっとしたコツと工夫で見栄えよく
盆栽づくりのポイント

ちょっとしたコツや工夫ひとつで、バリエーション豊かな盆栽をつくることができます。ここでは、さまざまな作品を通して、盆栽づくりのポイントを解説します。

真上に伸びている枝や、頂点から見て内側に伸びている枝は、切り落とす。

剪定前のキンメニレケヤキ

Point 1

剪定で見違えるように美しくなる

植物は生き物。ちょっと手入れを怠ると人間の頭髪と同じように枝が伸び放題になります。そこで必要になるのが剪定です（具体的な剪定の仕方については、112ページを参照）。枯れた枝や流れに逆らって生えている枝を切り落とすことで、剪定前には奥に隠れていた幹や枝があらわになります。これによって、小さな苗でも、大木のようなスケール感が伝わってきます。

この作品は、キンメニレケヤキを剪定し、新しい鉢に植え替えたものです。それだけで、枝や葉がボサボサで見映えのしなかった苗が、丘の上に悠然とたたずむ木をイメージさせる美しい景色盆栽に生まれ変わりました。

◎材料

[苗] キンメニレケヤキ、アラハシラガゴケ

[鉢] 平鉢

[土] 用土　赤玉土3、富士砂1、ケト土1の配合
鉢底石　富士砂（粗目）

[砂] 富士砂

景色盆栽では、苗や苔、化粧砂のほかに石を用いて景色をつくることがあります（石の使い方については74ページ以降を参照）。石を使うことによって、山や渓谷、海岸といった自然の景観、さらには石庭を想い起こさせる景色を生み出せるなど、表現の幅が広がります。

ここで用いた鉢は、約40㎝四方とやや広めのものです。せっかくの広い空間を生かすため、ただ寄せ植えするのではなく、石を用いて竹林と渓流という景色の一部を切り取った作品に仕上げました。

◎材料

[苗] トクサ、アラハシラガゴケ

[鉢] 平鉢

[土] 用土「赤玉土3 富士砂1 ケト土1の配合

鉢底石 富士砂（中粒）

ケト玉「赤玉土1 富士砂1 ケト土3の配合

[砂] 矢作砂

Point 2 石を効果的に使って景色をつくる

1 鉢底石と用土を入れ、渓流の山と岸をイメージしながらトクサを植え付けたケト玉を配置する。

2 石を用いる際はまず、さまざまな角度から石の「顔」を眺めることから始める。どの面が地表に露出すると効果的なのかを念頭に置きながら、用土に埋め込むようにして石を配置していく。

3 自然の渓流の流れを想像しながら石を配置していく。大中小とさまざまな大きさの石を選び、配置することで、奥行き感を伝えられる。

4 石を配置し終えた状態。さらに、石を固定するように山の一部を表現するコケを張り、川の流れを表す化粧砂（矢作砂）を敷いたら完成だ。

Point 3

寄せ植えは大きさや特性を使い分ける

ここでは、特に山野草を多く用いて8種類もの植物を使い、山の一部を切り取った景色をつくりました。「これだけたくさんの苗が鉢に入りきるの?」「とりとめがなくなってしまうのでは?」という心配には及びません。

36ページでも触れたように、高木／中木／低木といった背の高さのほか、常緑樹／落葉樹、枝もの／草もの／花もの／実ものといった違うバリエーションの植物を用いると互いが引き立て合い、調和が生まれます。

植え付け前に、枯れた枝葉を取り除くなど、しっかり苗の下準備をしておき、根元を1つに束ねるように植え付けると、きれいに寄せ植えできます。

多種類の植物で寄せ植えをする際は、植物の根元を1つに束ねて植え付けると、鉢に空間が生まれ窮屈さがなくなる。

化粧砂（矢作砂）を鉢の縁に沿ってきっちり引き込むと、白い砂によって曲線が強調され、奥行きが感じられる。

◎材料

[苗] ゴンズイ、ヤマモミジ、ナンテン、シュウメイギク、ヒメウツギ、コケモモ、ナナカマド、ハクリュウ

[鉢] 皿鉢

[土] **用土** 赤玉土3：富士砂1：ケト土1 の配合
鉢底石 富士砂（中粒）

[砂] 矢作砂

Point 4
かわいらしい豆盆栽も立派な景色

手のひらの上にちょこんと乗る3cm四方の豆鉢。そこに小さなハゼの苗を植え付け、かわいらしい豆盆栽をつくりました。小さな空間にも世界が広がり、立派な景色盆栽のたたずまいを見せてくれます。

苗の準備をしたら、ケト玉でハゼの根を包み込み、鉢にちょうど収まるくらいの小さな球をつくります。小さな鉢は土が乾きやすいので、用土に保水性が高いケト玉を用います。鉢底石（赤玉土の中粒）を敷いた鉢の中に苗を配置したら、さらにケト玉を足していき、仕上げに苔を張ったら完成です。

　できあがった作品は、広めの台座や受け皿の端に飾ると、空間を演出できます。

◎材料

【苗】ハゼ、アラハシラガゴケ
【鉢】豆鉢
【土】ケト玉［赤玉土1 富士砂1 ケト土3の配合］
鉢底石　赤玉土（中粒）

鉢が小さくなればなるほど、土の量も少なくなり、土が乾燥しやすくなる。そのため保水性に優れたケト玉を使って植え付けを行う。

◎材料

【苗】アラハシラガゴケ
【鉢】はりねずみ鉢
【土】ケト玉［赤玉土1 富士砂1 ケト土3の配合］
室内栽培用土　セラミス・グラニュー

かわいらしさを表現するには、いかになだらかなフォルムをつくり、きれいに苔を張るかがポイント。鉢の縁をはみ出した苔は、指で押さえつけながら箸で押し込むように入れるときれいに収まる。

Point 5
変わり鉢1
苔を愛でるはりねずみ鉢

品品の商品で人気が高いのが、ここで紹介するオリジナルの鉢を使った「はりねずみ」です。苔の持つ温かさ、柔らかさ、かわいらしさを最大限に引き出してくれる鉢です。普段は植物の引き立て役である苔ですが、実はとても奥深い植物なので、苔自体を育ててみるのも楽しいものです。

　この鉢には鉢底穴がないので、根腐れ防止に室内栽培用土（セラミス・グラニュー）を入れます。その上にケト玉を置き、はりねずみの姿をイメージしながらなだらかに形づくっていきます。この際、完成形よりひと回りほど小さめにつくっておくのがコツです。その上にきれいに苔を張れば完成です。

　品品では、はりねずみのほかにも、ねこやかめなどの動物鉢も用意しています（100ページを参照）。

Point 6

変わり鉢2
ガラス鉢で「和」と「洋」を表現

一般的にガラスは、植え込み用土が透けて見えるので、盆栽鉢用途にはあまり適さないとされています。しかし、ここで用いたガラス鉢は、外から用土が見えづらく、ガラス特有の涼感と独特のメタリックな質感が植物を引き立ててくれます。

この個性的な鉢を用いて、「和」と「洋」を表現しました。「和」（右）は、日本の伝統的モチーフの松を用いたシンプルで爽やかな一本もの。「洋」（左）は、アブラチャンとフッキソウの寄せ植えで、華やかさを演出しています。同じ鉢でも、苗や植え方でこれだけ印象が変わる好例といえます。

◎材料

［苗］和の鉢（右）●アカマツ、アラハシラガゴケ
洋の鉢（左）●アブラチャン、フッキソウ、アラハシラガゴケ

［鉢］ガラスの足つき鉢

［土］**用土**　赤玉土3：富士砂1：ケト土1の配合
鉢底石　富士砂（中粒）

［砂］鞍馬砂（和の鉢）

〈イラストでわかる盆栽づくりのルール〉

植物の向きや配置、素材の組み合わせ方など、鉢の中の空間をどのようにデザインするかは初めは難しく感じるかもしれません。しかし、ここで紹介する基本的なルールさえ押さえれば、美しく均整のとれた盆栽をつくることができるでしょう。

盆栽一般

Rule 01
景色盆栽は自然風景の一部を切り取ったもの

盆栽、特に景色盆栽は、鉢の中に自然の風景を立体的に表現するものです。山、丘、雑木林、渓流、湖畔、島など自然の風景の中で、いちばん美しい一画を鉢におさめて楽しみます。小さな材料で、大きな風景を表現するのが景色盆栽の醍醐味といえるでしょう。よい盆栽は、鉢に美しい風景を盛り込むだけでなく、木の周囲に広がりが感じられ、連続した風景を連想させます。

丘に自生する松柏や断崖に強く生きる松柏をイメージさせる。

盆栽一般

Rule 02
美のポイントは、「統一」「安定」「調和」「変化」

2つの盆栽イラストを見て、どちらが美しく感じるでしょうか? 盆栽鑑賞の世界は非常に深いのですが、初心者でもパッと見て下の盆栽が美しいと感じますね。では、なぜ下の盆栽が美しく思えるのでしょうか? 「いい形をしている」「素直に自然の景色に見える」「広がりが感じられる」「バランスがいい」などの理由が挙げられると思います。これは盆栽美の基本となる要素、「統一」「安定」「調和」「変化」がほどよく構成されていることになります。盆栽をつくる過程では、この4つのポイントを心がけることが上達の近道となります。

さらに上級者になると、幹模様や枝さばき、立ち方や傾き方、盆栽から受ける風情や感情などを楽しむようになります。

上の盆栽は不安定で見ていて落ち着かない。下の盆栽は空間が落ち着いていて安心感がある。

盆栽一般

Rule 03
スケール感を考える

景色盆栽では、スケール感も大切な要素です。「これからつくる景色は、自然風景のどんな場面を切り取るのか」という事がらに加え、「どのような大きさや広さ（スケール）で切り取るのか」を考えましょう。カメラのファインダーを覗いて、ズームイン／ズームアウトするのをイメージするとよいでしょう。例えば、鉢中に植物が多いと林などの広い景色に、植物が少ないと景色の一角になります。

イメージした景色に合った苗選びをしたり、手持ちの苗ではどんな大きさの景色になるかを考えて常にスケール感を意識しておくと、でき上がったときに制作意図が明快な景色盆栽になります。

遠い景色にするか、近い景色にするかをイメージするとつくりやすい。

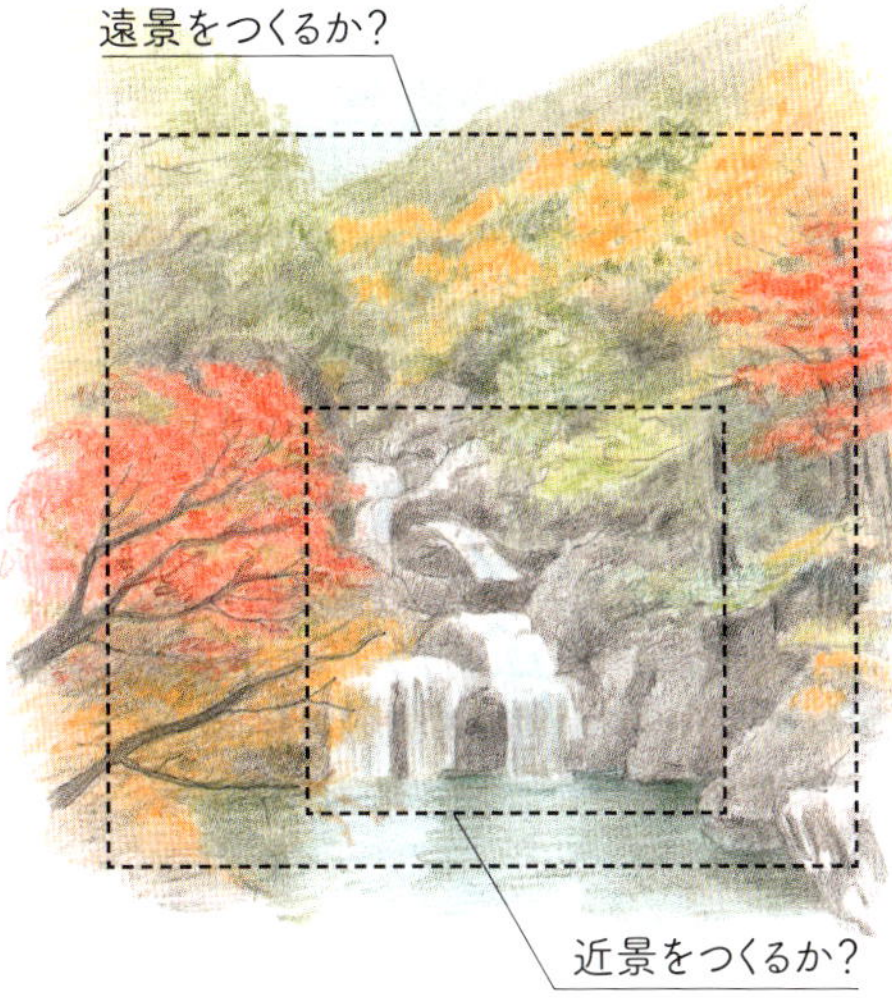

盆栽一般

Rule 04
枯れ枝（割り箸）と石と砂で空間づくりや構成を練習する

いざ、盆栽制作に取りかかろうというとき、鉢の中にどんな風景をつくるかが決まっていても、初めての作業はなかなかうまくいかず、木を１本植えるにも勇気と思い切りが必要なものです。失敗を繰り返して植物に負担をかけることも心配です。

そんなときのために、鉢、枯れ枝（割り箸）、砂、石を使って空間づくりの練習をしてみましょう。身の回りにある材料でできますし、失敗しても何度でも繰り返せます。いろいろなレイアウトを試すことで、空間構成力の向上につながります。つくり上げた空間構成は、デジカメなどで撮りためて実際に木を植えるときの参考にするとよいでしょう。

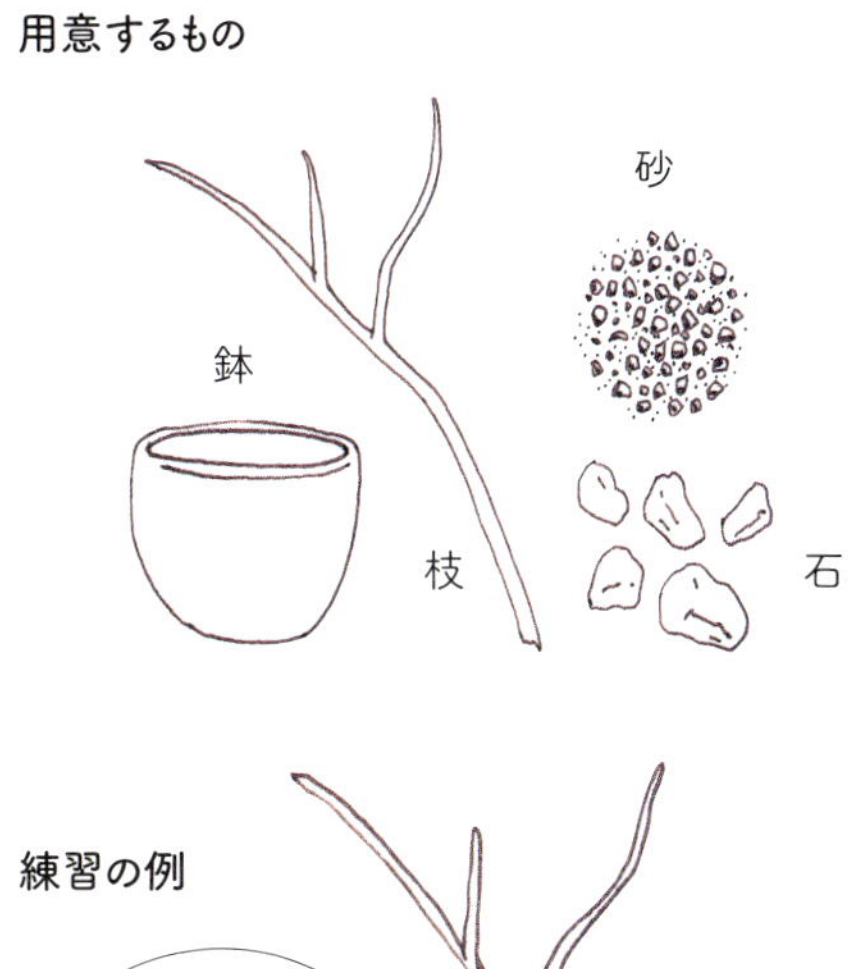
いろいろな材料で試してみると技術が身につき、世界が広がる。

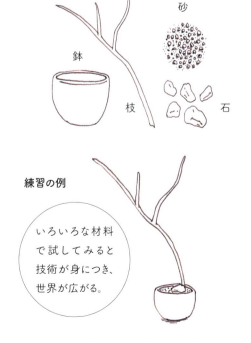

Rule 05
盆栽における伝統的な樹形

木は２つとして同じ形はなく、１本ごとに独自の形を持っています。それは、光を求める過程で自然にでき上がった形だったり、盆栽で利用するために人為的に形成した形だったりします。

木にはその形や特徴による呼び名があるので、覚えておくと盆栽制作や鑑賞する際に役立つでしょう。

直幹《ちょっかん》

幹が根元から真っすぐ伸びた樹形。どっしりした大木の姿が見える。

斜幹《しゃかん》

幹が左右どちらかに傾いて立っている樹形。傾斜地や風の強い場所に多い姿。

双幹《そうかん》

１つの根から幹が２つに分かれて立ち上がっている樹形。２本が離れず、調和を保っているものがよい。

蟠幹《ばんかん》（模様木）

幹が前後左右に曲がりくねった形。木が自然にさらされて生きた形で基本的な樹形。

文人《ぶんじん》

細い幹がゆるゆると伸び、下枝がない。最小限の葉を持つ。江戸時代の知識人に愛された形。

株立ち

１株の根から複数の幹が出ている樹形。根が同じなので均衡が取りやすい。森や林を表現する。

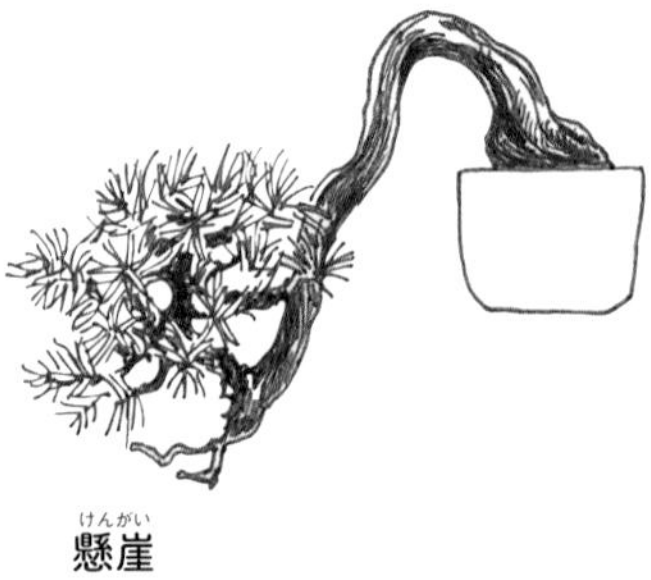

懸崖《けんがい》

幹や枝先が鉢より下に垂れ下がっている樹形。断崖絶壁に根を張りぶら下がる木をイメージさせる。

Rule 06

一本ものの盆栽は、1本で生きる木を選ぶ

1本の木で成り立つ盆栽を、ここでは「一本もの」の盆栽と呼びます。一本ものの盆栽をつくりたい場合は、その木1本で空間を構成できる資質を持ち合わせた木を選びましょう。容姿と健康状態が非常に重要で、葉が細かく繁茂し、幹がしっかりしてバランスのよい姿の木が一本ものの盆栽にはベストです。単に幹が太いだけではよい木とはいえません。根元から先端に向かって細くなっていくバランスが大切です。剪定などの手入れをした後や、時間を経た後に生きる木もあるので、数カ月後、数年先の姿も想像してみましょう。

木は1本ごとに独自の形を持っています。変わった形をした木は、それだけで空間をつくる存在感があるので、一本ものとして使うことができます。木の形によい特徴があれば、その特徴を生かしましょう。例えば、土の中に面白い形の根（幹）が隠れていたら、その幹を地表に出します。また、木を傾けることで木の形が生きるなら、適度な傾きをつけて鉢に植えます。

木の形や傾きは、木に「動き」を生み出します。大きな動きがある木は「動」の木、動きが小さい木は「静」の木といいます。「動」は「勢い」や「変化」を表現し、「静」は「安定」を表現します。これからつくる盆栽に「動」を求めるのか、動きのある「静」を求めるのかを考えて木を選びましょう。

バランスのとれた樹形

幹と枝のバランスや葉のバランス、太さのバランスなど総合的に安定感がある。

変わった樹形

特徴的な樹形は存在感が抜群。前項の「Rule 05」のようなさまざまな樹形を盆栽に使うことができる。

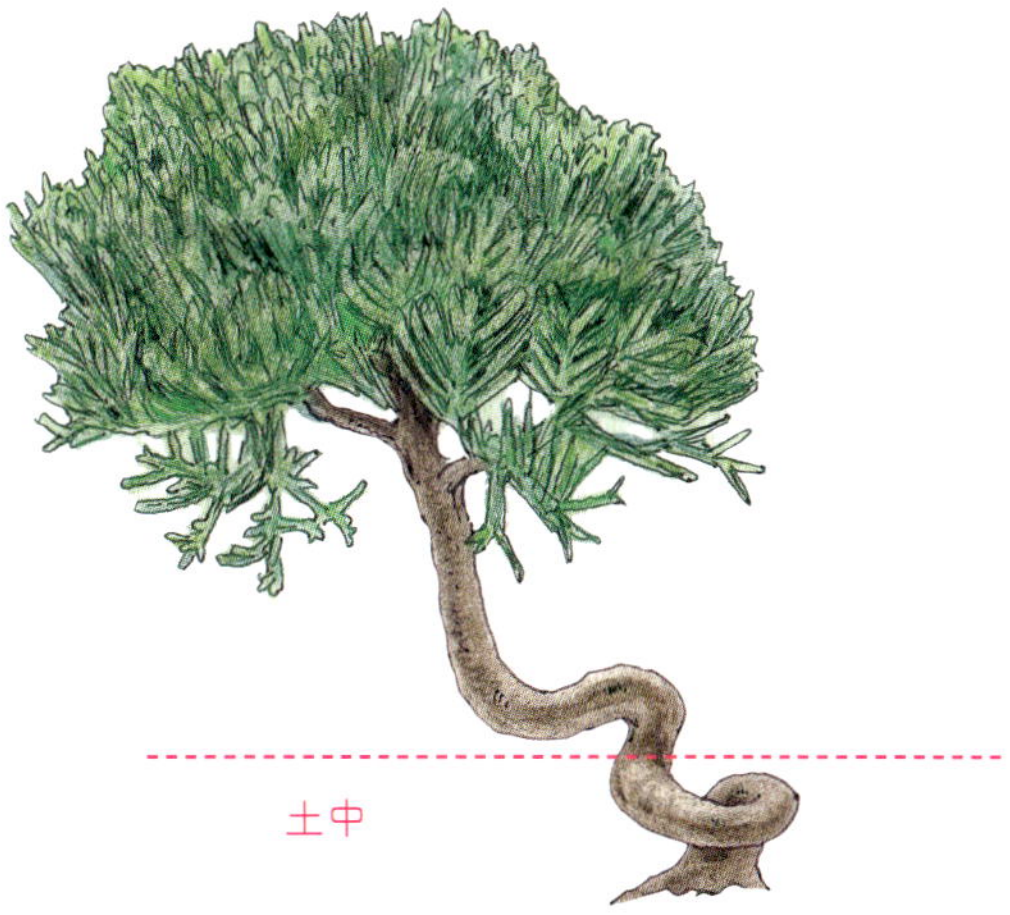

幹が太くてしっかりしている

しっかりとした太い幹を持ち堂々としていて、葉も枝も健康的。

根元が太く、先端に向かって細くなっている

根元がしっかり太く、幹の先端に向かうにつれて細くなっているのが自然の形で美しい。

盆栽で生かせる面白い部分がある

木の面白い形を見つけたら、それを生かす。土の中に面白い形が隠れていることもある。

Rule 07
木の正面を知る

木には正面と背面があります。鉢に植えるときは、木の正面が鑑賞側になるように配置します。見た目に葉が見える美しい面が正面と思いがちですが、実はそれは誤りです。葉や花、実の美しさは季節的なものなので、それで判断してはいけません。一般的に、葉がよく繁って見える面は「葉面」（はおもて）と言われる側で、木の背面であることが多いのです。大抵の場合、木の正面は葉面とは反対側の「幹面」（みきおもて）と呼ばれる面となります。幹面つまり、木の正面は、美しい幹がよく見え、広く懐を持つ（深みが感じられる）側となります。直幹か斜幹か木の形によって正面の見分け方はやや異なりますが、まずは前かがみの側を見つけてから、均整がとれ、安定感のある面を探しましょう。

ここでは、直幹と斜幹の場合の木の正面を見つけてみましょう。

幹面と葉面

幹のラインが美しく見える面が幹面。この面が木の正面となることが多い。葉が茂っている面は葉面となる。

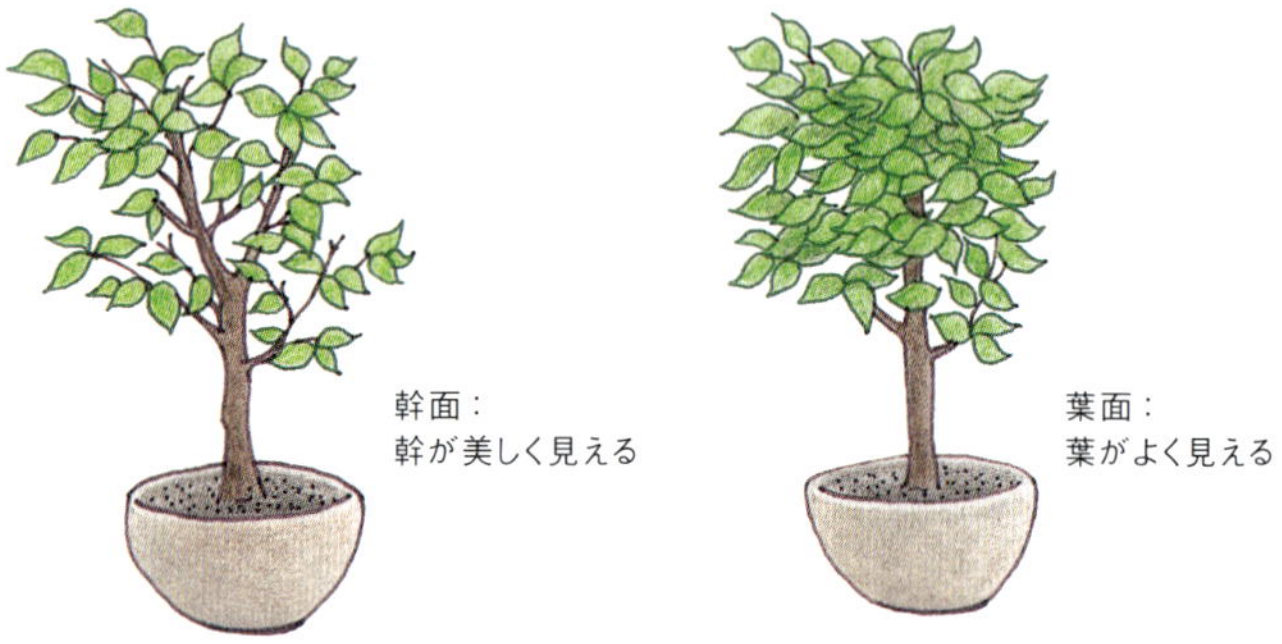

直幹の正面

直幹は、幹の線が美しくかつ、枝振りに深みがある面を正面とする。

幹　根元から枝先に至るまでのラインが最も美しく見える。

根　地にしっかり根を張っている。

枝　大きな枝が側方や前方（こちら側）に見え、深みが感じられる。枝が前方に突き出ていてはダメ。

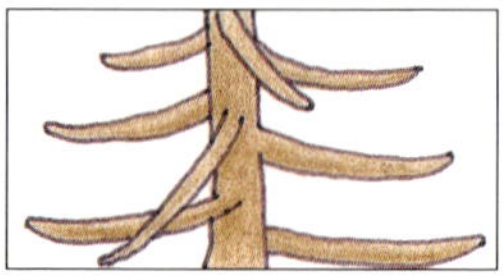

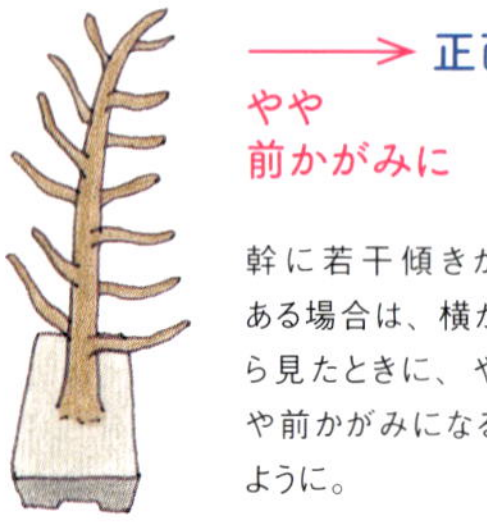

幹に若干傾きがある場合は、横から見たときに、やや前かがみになるように。

斜幹の正面

斜幹は大抵の場合、幹の傾きで判断する。深みがあり、より美しく見える面を正面とする。

枝　大きな枝が側方や前方（こちら側）に向かっていて深みが感じられる。

幹　前かがみの面で、幹のラインが美しく見える。

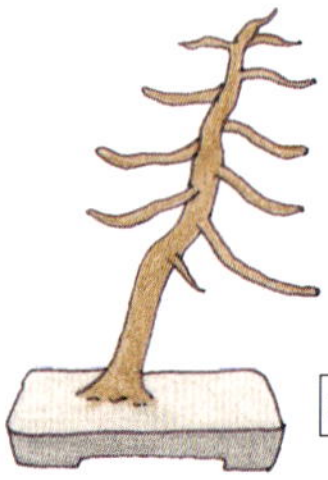

根　しっかり根を張っている。

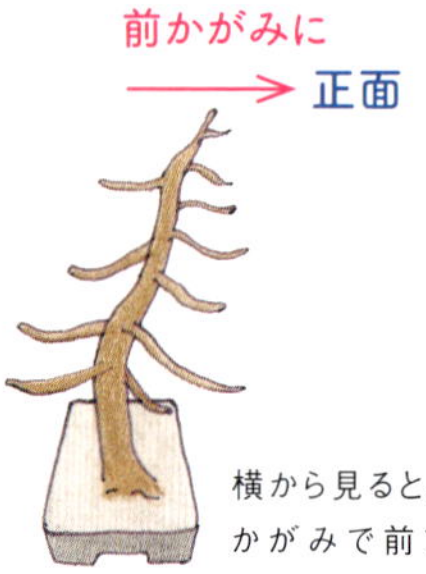

横から見ると、前かがみで前方に向かっている。

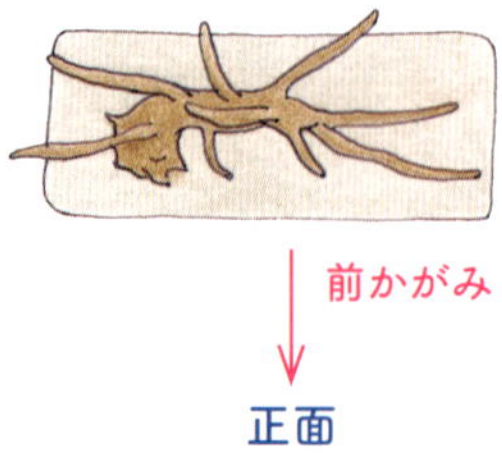

上面から見ると、幹の懐（ふところ）ができていることがわかる。

一本もの

Rule 08

木の方向を見極める

木には「方向」があります。木は、日光や風などを受けるその環境により、どちらかの方向になびいて見えます。正面から見て、なびいている方向、つまり、幹が傾いていたり、枝が長く伸びている方向が木の方向となります。自然の一部を鉢の中でより美しく表現するには、木の正面と同様、木の方向が非常に大切な要素になります。しっかり木の方向を見極めましょう。木の正面、方向がわかって初めて鉢の中をデザインできるのです。

ここでは、いくつか樹形ごとの木の方向を見てみましょう。

直幹の方向

直幹は幹がまっすぐ上に伸びるので、木の方向は上になる。長くしっかりした枝に勢いが感じられる場合、枝の伸びる方向が木の方向となる。

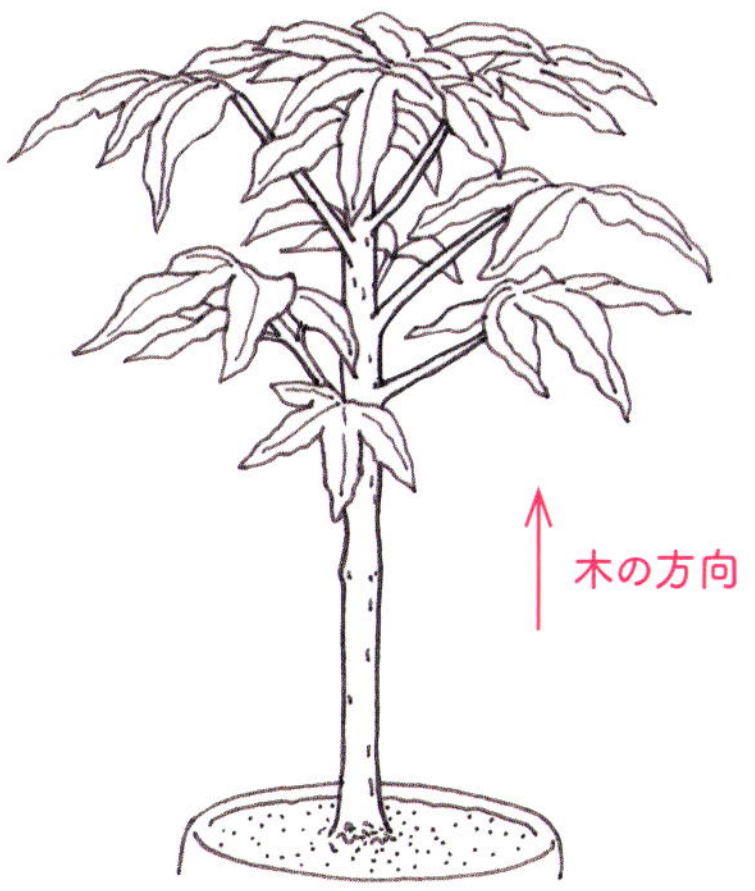

斜幹の方向

斜幹の木の場合、正面から見て、幹の傾いているほうが木の方向となる。

蟠幹（模様木）の方向

幹が屈折しているが、正面から見て、頭の傾いている方向が木の方向となる。

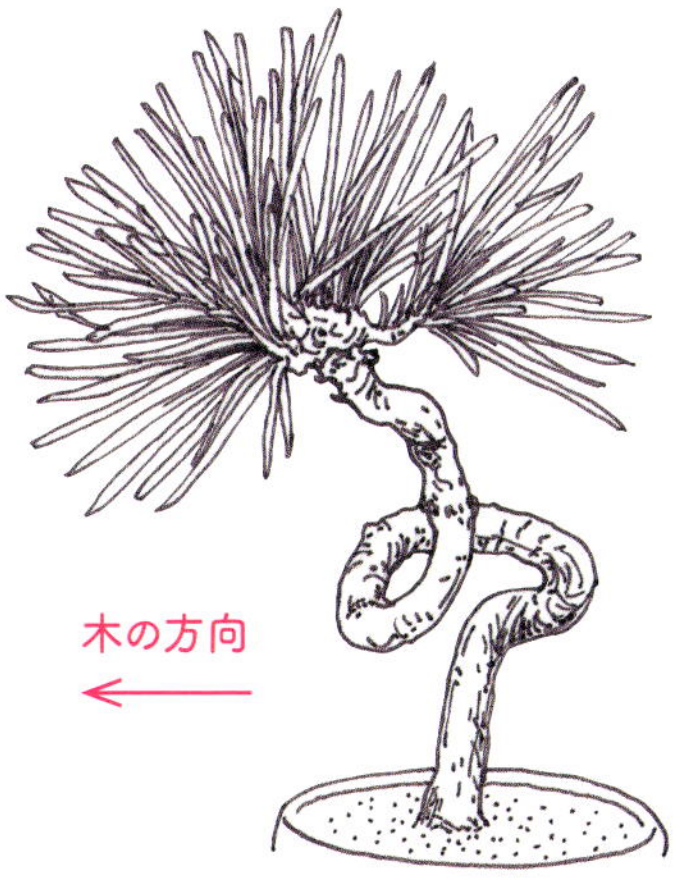

Rule 09
木の形、鉢の形を考えて空間をつくる

鉢に木を植える際、まず、木の正面を見せて配置します。その上で、木と鉢によってできる1つの空間に安定を求めていくことがレイアウトの基本となります。これまで述べたように木にはいろいろな形があり、鉢にもいろいろな形があります。安定のためには木の形と鉢の形を考えた空間づくりが重要となってきます。木や鉢の形（動き）を「動」と「静」に分け、さまざまな組み合わせで、相性やデザインの作法を考えていきましょう。

なお、木と同様、形から受ける印象により、安定した鉢を「静の鉢」、動きのある鉢を「動の鉢」と分けられます。静の鉢、動の鉢とも鉢の重心が最も安定したポイントです。重心は木を植える際の指標になりますので、まず鉢の重心を見極めるとよいでしょう。

植物と鉢、動と静の相性

木と鉢を選ぶ際、動と静の組み合わせの相性は、基本的に別表のように考えられる。「◎」の組み合わせから始めてみよう。もちろん、「△」でも技量により相性よく組み合わせることは可能だ。

	静の植物	動の植物
静の鉢	◎	○
動の鉢	△	◎

鉢の重心とは？

丸鉢の場合は上面から見て円の中心、角鉢の場合は四角形の中央が鉢の重心となる。複雑な形の鉢では、重さのバランスの中心となるところが重心となる。

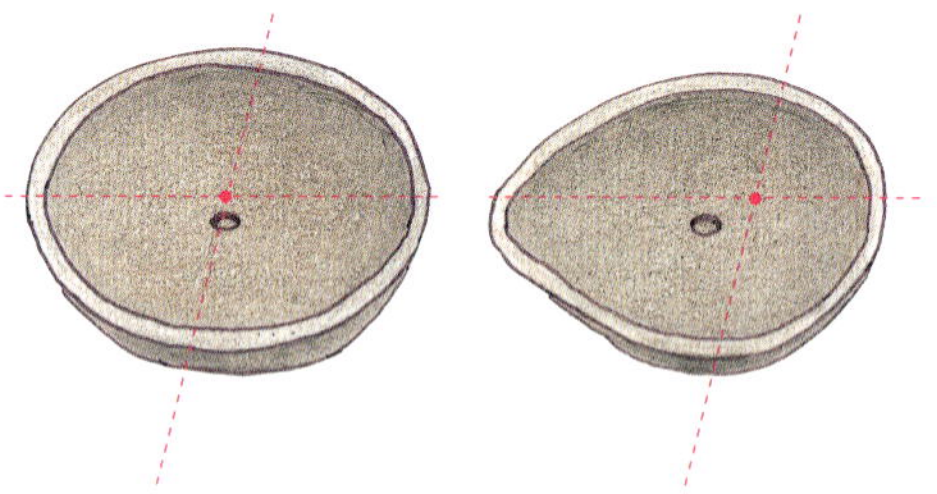

静の鉢

丸鉢、角鉢などの一般的な鉢は静の鉢といえる。丸鉢は特に安心感、安定感がある。

動の鉢

形に変化がある鉢などは動の鉢となる。鉢に勢い（方向）が生まれる。

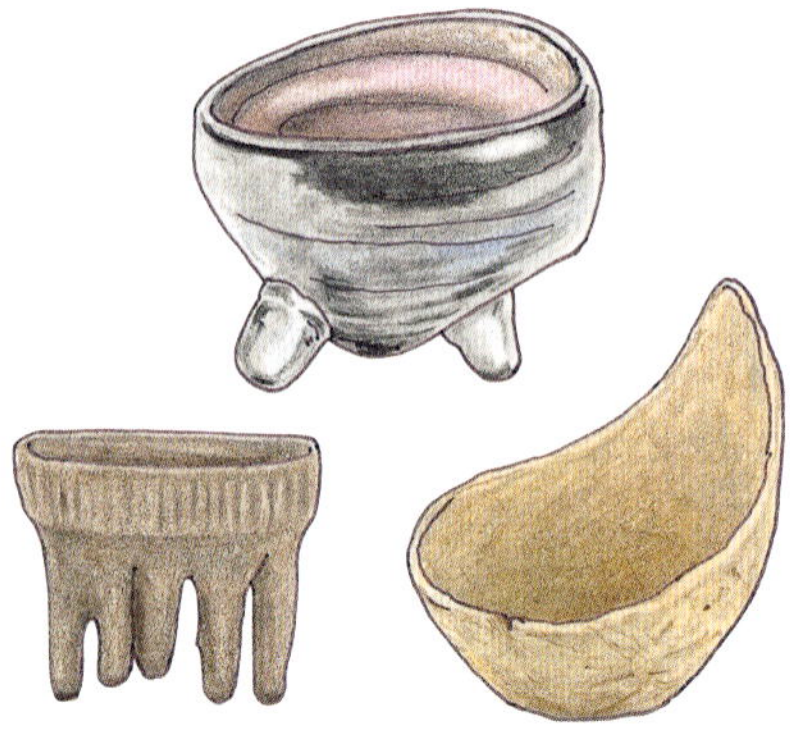

一本もの

Rule 10

静の木×静の鉢：真ん中に植える

静の木と静の鉢の組み合わせは、最も安定した盆栽の形。丸鉢を使用することで、さらに安心感を覚える。

　安定を持った木と鉢の組み合わせとなりますので、直幹の静の木は、鉢の真ん中に植えると安定します。木が真っ直ぐなら真っ直ぐに見せることが大切です。静の木と静の鉢は、適した組み合わせです。これは「静の中の静」と呼ばれ、最も安定した安心感のある形式です。

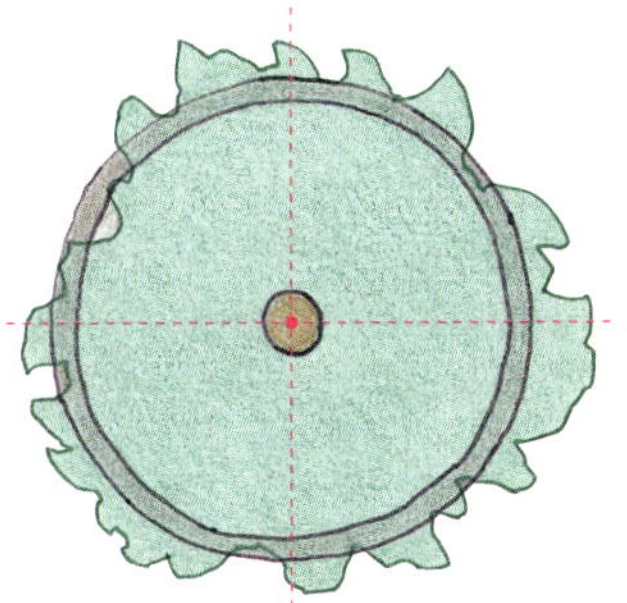

上面から見た図。重心である鉢の中心に木を配置する。

一本もの

Rule 11

静の木×動の鉢：鉢の重心に植える

静の木と動の鉢の組み合わせは、木を重心に配置することで安定が得られる。鉢が主張しすぎないように注意。

　「動の中の静」と呼ばれ、静の木は鉢の重心に植えることで安定します。しかし、静の木と動の鉢はやや難しい組み合わせですし、あまり適した組み合わせではないので、初心者は避けたほうがよいでしょう。

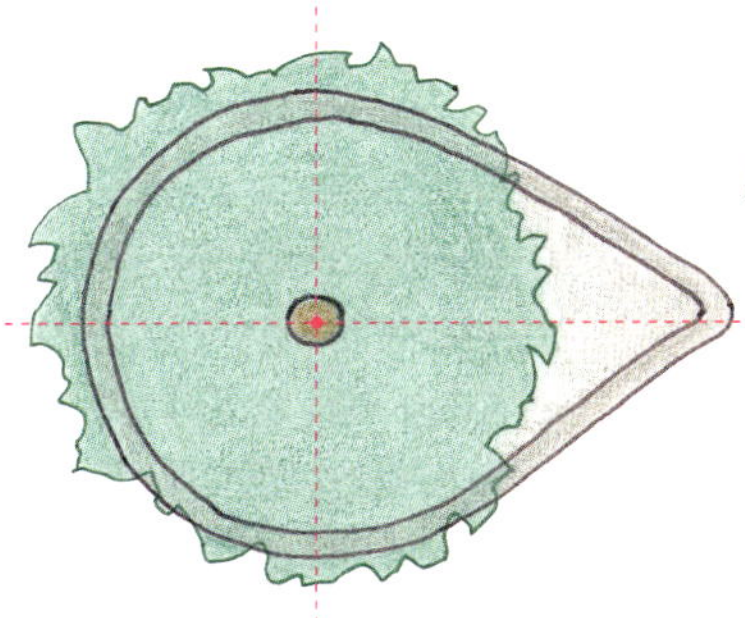

上面から見た図。重心に木を配置する。重心を見つけ出すのはやや難しいかもしれない。

Rule 12

動の木×静の鉢：木の方向に空間をつくる

安定した鉢の中に動きのある木を植えますが、静の木と同じように真ん中に植えるのでは、空間の重さが偏って安定感の欠けた盆栽になってしまいます。木の方向の土面の面積を広く取り、空間をつくることで安定を得ることができます。また、前方に木が傾いている（木を傾かせる）ときは、奥に移動させて懐を広く奥行きを持たせます。

ここでは、直幹、斜幹の木で具体的に見てみましょう。

直幹のレイアウト

直幹でも若干の幹の傾きや枝の強さにより、木の方向ができる。この木の方向を空間になじませて安定させる。

①正面から幹を見て、枝が長いほうが木の方向になる。この木は右側が木の方向。

②まず鉢の真ん中に収める。前後の間隔は半々がよいだろう。

③木の方向である右のほうを広く空けて配置する。このとき、左右の面積の広さは3：7の割合が理想だ。3：7という割合は最も安定を感じられる比率である。4:6は中途半端でどっちつかずとなり、2:8や1：9では極端すぎる。

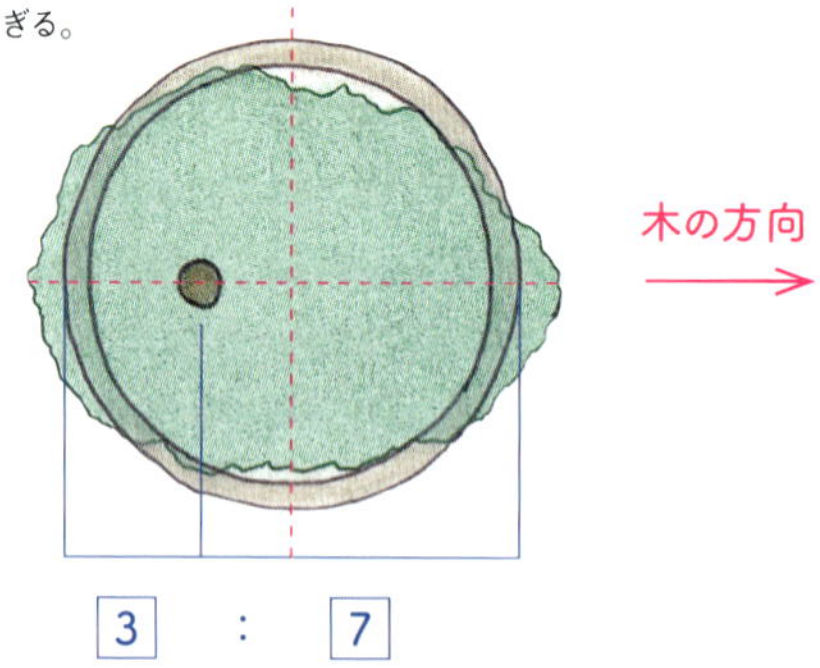

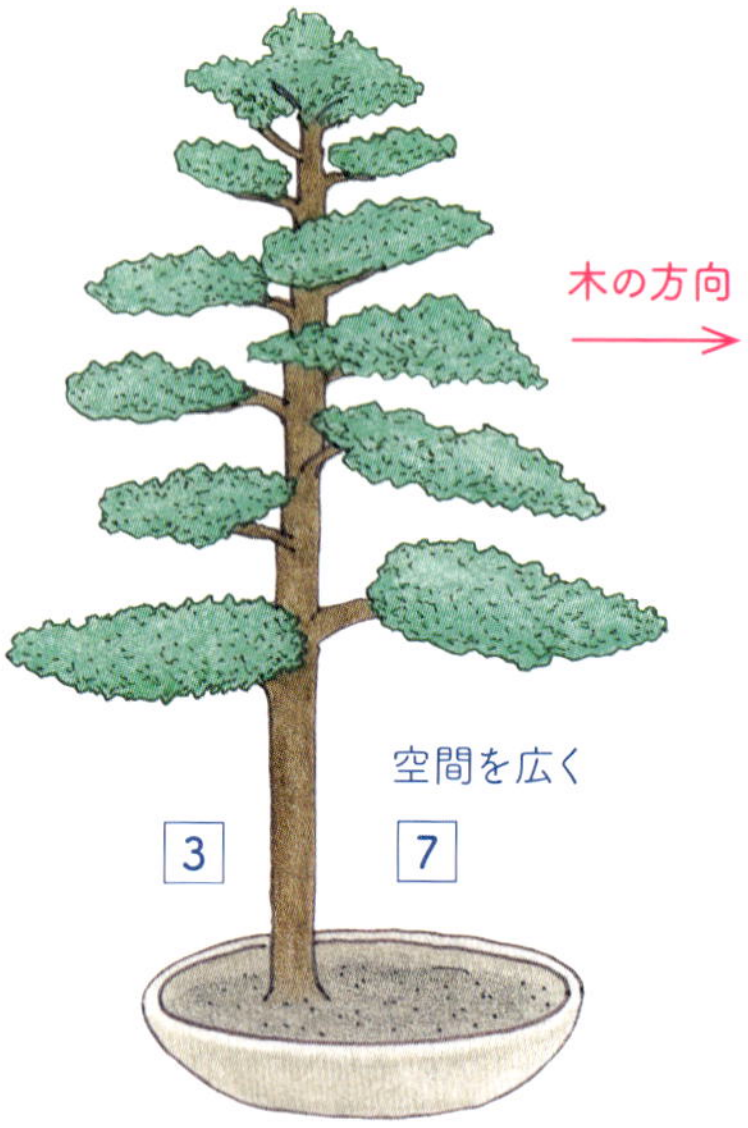

斜幹のレイアウト

懐をしっかりつくることで、傾いた木でも安定し、堂々とした盆栽になる。

①正面から幹を見て、幹の傾いているほうが木の方向になる。この木は右手前側が木の方向。

②まず鉢の真ん中に収める。

③木の方向である右側を広く空け、3：7の広さで配置する。

④懐を広く取るため木をやや後方に移動し、配置する。

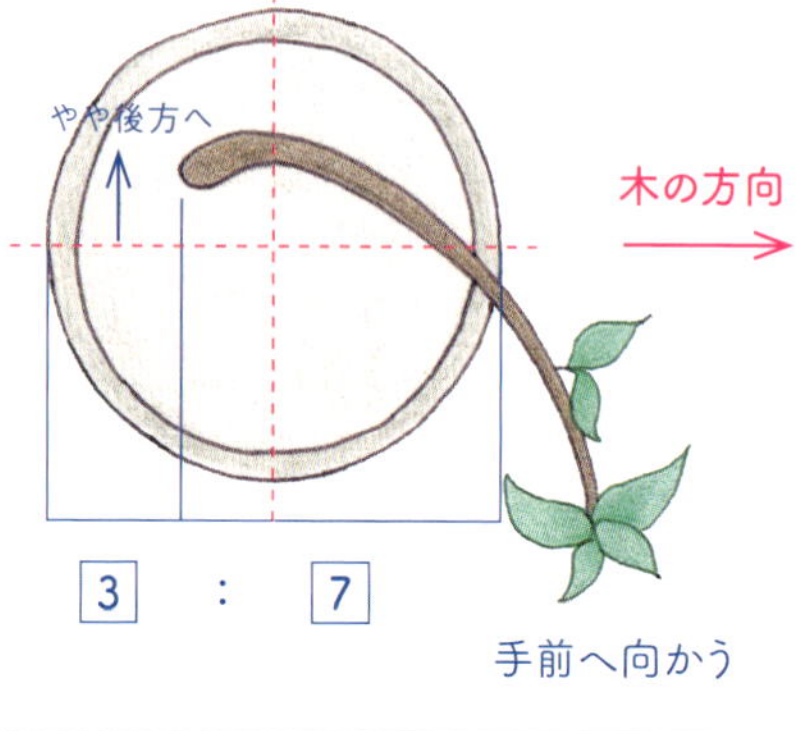

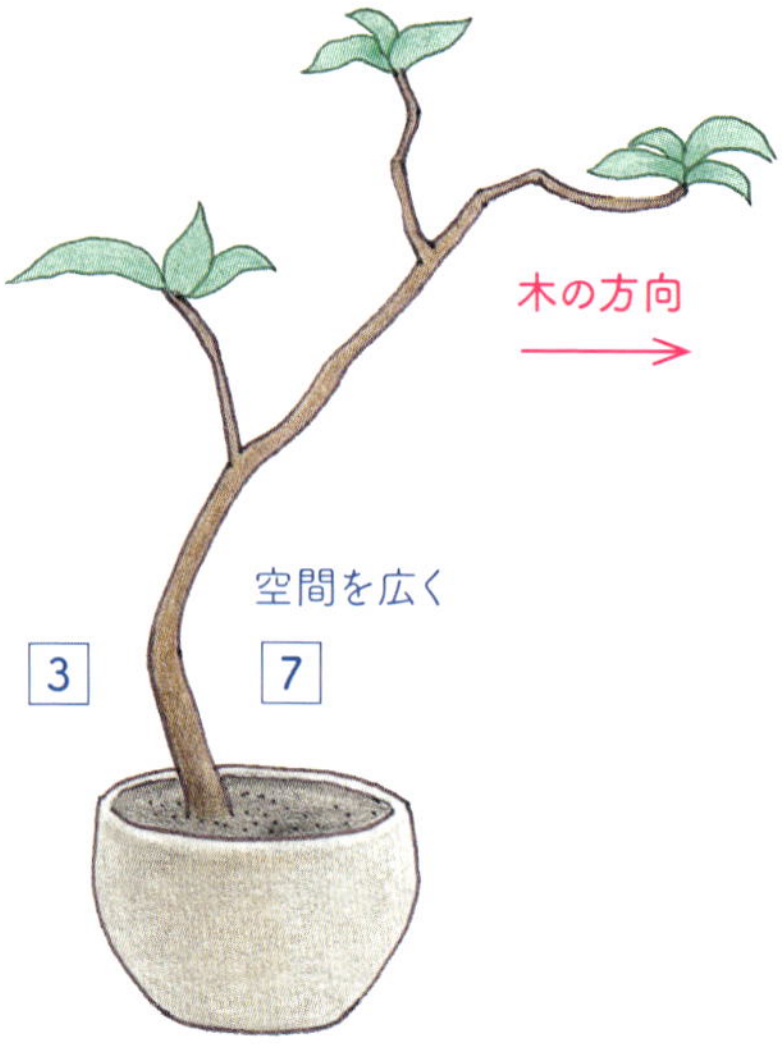

一本もの

Rule 13

動の木×動の鉢：木と鉢の方向を合わせる

　動きを持った木と鉢の組み合わせとなりますが、「動の中の動」と呼ばれるように、これも適した組み合わせです。勢いのある木を勢いのある鉢に入れると、より勢いが増してダイナミックな盆栽をつくることができます。「Rule 12」の考え方で木を配置します。このとき、木の正面と木の方向・鉢の方向を見極め、方向を合わせるように配置します。勢いが感じられるほうが鉢の方向です。ただし、方向が合わないもの同士の組み合わせは、極端な不安定を招くので避けたほうがよいでしょう。

木の方向と鉢の方向を合わせることで、より動きのある盆栽になる。

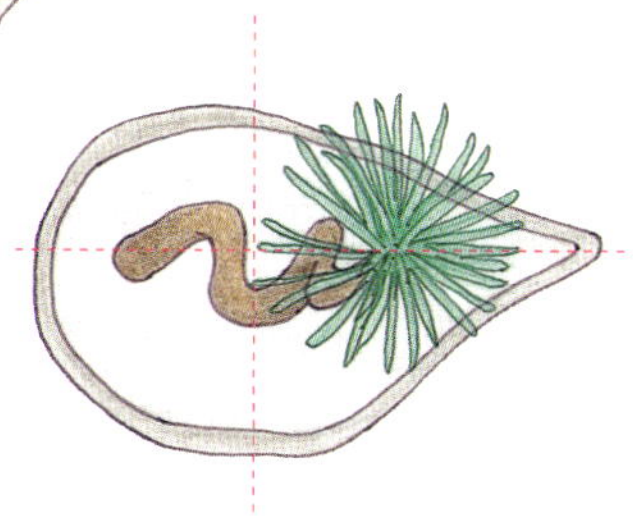

上面から見た図。鉢の方向に木の懐をつくると安定する。

寄せ植え

Rule 14

寄せ植えは、寄せて生きる苗を選ぶ

　複数の植物で成り立つ盆栽を、「寄せ植え」と呼びます。寄せ植えは、1本では見劣りしてしまう木や草ものの植物を寄せ合い、1つの景色をつくるものです。寄せ合うことで互いの短所を補い、長所を生かします。寄せ植えの場合は、補完し合って1つの景色をつくるよう、「寄せて生きる苗」を選びましょう。一本ものの盆栽のように、いい形でなくてもかまいません。だからといって、手当たり次第に苗を選んだり、欲張りな苗選びでは、景色盆栽の基本理念である「統一」「安定」「調和」「変化」は得られません。大きさや高さは、不揃いにして変化をつけるなど、でき上がりのイメージを持って苗選びをしましょう。

例えば、こんな考えで苗を選ぶ

□すっきりした印象の盆栽にしたい
→同種類の植物を選ぶ。

□調和がとれた盆栽にしたい
→直幹と直幹、斜幹と斜幹というように、形が似ていて大きさが違う苗を選ぶ。

□変化のある盆栽にしたい
→上に伸びる植物、足元に這う植物というように、大きさや方向の異なる苗を選ぶ。

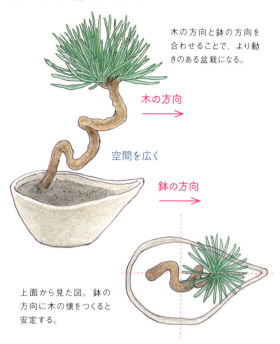

寄せ植え

Rule 15

いつ、何を楽しむかを考えて苗を構成する

寄せ植えの苗を選ぶとき、盆栽で何を楽しむかを考えることも重要です。作法も大切ですが、景色盆栽は鑑賞して楽しむことが最も大切なことです。ある時期を楽しむのか、四季折々の景色を楽しむのか、春の花を楽しむのか、秋の紅葉を楽しみにするのか…。寄せ植えはいろいろな楽しみ方ができます。

植物によって最も美しい時期や形が異なります。自分の楽しみを見つけて、それに合った植物選びをしましょう。

例えばこんな楽しみ方

□１つの季節を楽しみたい

→サクラの花を楽しむ、ケヤキの初夏の新緑を楽しむ、イワシデの冬の枝振りを楽しむ。

□四季を楽しみたい

→コケモモとヤマモミジの寄せ植えで、きれいな花を咲かす春や紅葉の美しい秋を楽しむ。

□花、実、紅葉を楽しみたい

→コマユミやカマツカなど、花や実を付ける植物を取り入れる。

寄せ植え

Rule 16

生育環境が近い植物の組み合わせ、違う科の植物の組み合わせがよい

例えば、多湿を好む植物と乾燥を好む植物は同じ環境では育ちません。１つの鉢で景色をつくり、維持していくためには、生育環境が近いものを組み合わせると管理がしやすいでしょう。水やりや用土の配合、肥料の成分にあまり神経をとがらせなくてもよくなります。

また、種類が異なる植物を寄せ植えるときは、違う科の植物を組み合わせましょう。同じ科の植物同士は必要とする養分が同じなため、養分の取り合いをします。違う科の植物同士だと、必要とする養分が若干異なるので、どちらもうまく育ちやすいのです。

おすすめの組み合わせ

□高い木＋低い木で

→ササとモミジ、エゾマツとコケモモなど。これらは自然の風景でよく見られる組み合わせで生育環境が似ている。さらにお互いに高所、低所を補完している。

□花の咲かない木＋花を楽しめる草もの

→上記のエゾマツとコケモモも該当するが、ほかにモミジとバイカオウレンなど。管理しやすい上、季節ごとの楽しみがある。

注意すべき組み合わせ

□主木と同じ大きさになる草ものとの組み合わせ

→草ものの中には、春に大きく生長するものがある。主木と同じ高さにまで生長し、さえぎってしまう場合もあるので注意する。

□高山植物との組み合わせ

→コマクサやランなど、高山植物は一般的に小さくてかわいらしいものが多い。鉢に盛り込みたい気もするが、普段よく使う木や草とは環境が異なるので組み合わせに注意が必要。

寄せ植え

Rule 17
苗の数は奇数で構成する

寄せ植えをつくる場合、使用する苗の数は3本、5本、7本、9本、11本というように、奇数の本数を用いることが基本です。奇数で構成すると、景色に広がりや連続性、変化が生まれます。偶数は割り切れてしまうので、空間がある所で終わってしまったり、分断されてしまいます。例外的に2本で構成する場合もありますが、このときは、大きさや遠近によって主従関係をはっきりさせて変化をつけます。室内で楽しむような小さな盆栽は、2～3本で十分です。

3本で組み合わせると

奇数でつくる景色は自然風景の一角を切り取ったように見える。鉢の外に続きの景色があるように感じられる。

4本で組み合わせると

左右対称や整然とした景色は西洋的。空間が区切られたり、完結してしまい、広がりを感じない。

寄せ植え

Rule 18
寄せ植えには主役がいる

寄せ植えは、さまざまな植物が集まってできる景色ですが、すべての木が控えめだったり、主張しすぎてはまとまりのない盆栽となります。こうならないためにも、各植物に主役と脇役の役割を与えてバランスをよくしましょう。

主役となる木を「主木」、脇役となる木を「添え」と呼びます。主木は、盆栽の中でメインとなる重要な木ですので、比較的幹が太く大きな木が用いられます。レイアウトする際も主木から行い、添えでバランスを取ります。

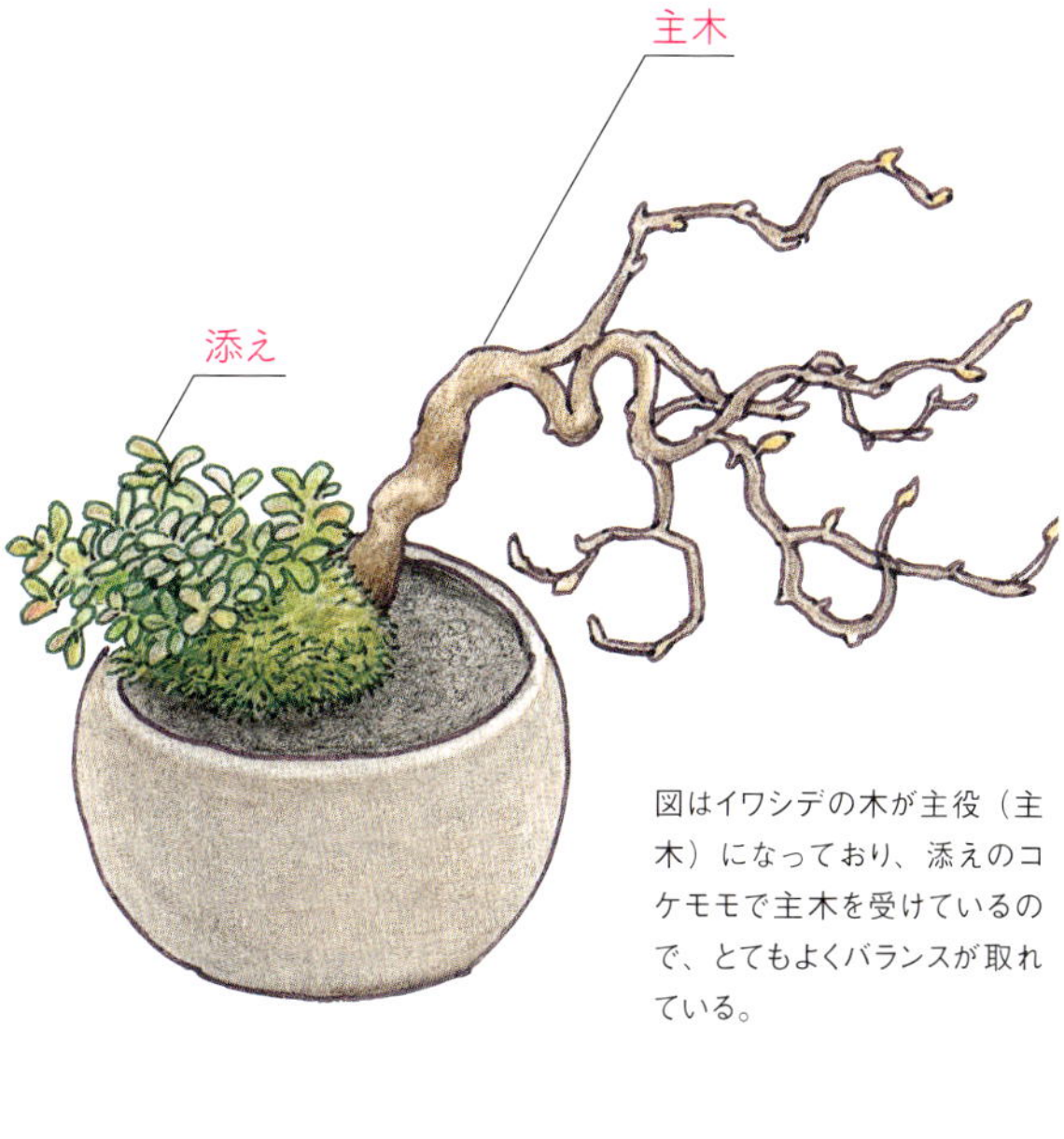

図はイワシデの木が主役（主木）になっており、添えのコケモモで主木を受けているので、とてもよくバランスが取れている。

寄せ植え

Rule 19
枝ものと地被との組み合わせはバランスが命

枝ものと地被（または草もの）を組み合わせるときは、高低のバランスを考えることが大切です。素材は枝ものの植物が高く、大きくなるように準備します。このとき主木は枝ものの植物になり、寂しい足元を覆う「添え」の植物が地被（または草もの）となります。

個性的な樹形の木（イワシデ）だが、
この一本では足元がさびしい。

コケモモを添え、苔を張ることによって華やかさが加わり、
全体にバランスが取れる。

寄せ植え

Rule 20
草もの中心の寄せ植えは華やかに

草ものには樹木にはない花や実の彩り、葉の形や茎のラインなどさまざまな魅力があります。鉢の中におけるお互いの役割やバランスを考えつつ、華やかになるような植物選びをしましょう。役割とは、植物の特徴が花か実か、それとも葉の形にあるのか、また生長時上に伸びるのか、地に這って横に広がるのかといったことです。

レイアウトに関しては、「Rule 23」で述べる不等辺三角形のルールのさらなる応用になりますが、数が多いほど多少アバウトになります。お互いが入り組むようなレイアウトを心がけましょう。植物が華やかなぶん、鉢はオーソドックスなものでかまいません。また、多くの植物を植えるからといって、鉢が大きくなりすぎないように注意しましょう。

野の一角に草花が華やかに生きている様子を素直に表現する。

Rule 21

木のグループの方向を知る

寄せ植えの木の植え方は一本ものの盆栽で紹介したルールと基本的に同じで、木の正面と方向を判断し、鉢とのバランスを考えてレイアウトします。ただ、寄せ植えは植物の数が複数本になりますので、複数の木を１つのグループとして考え、グループの方向を判断しましょう。グループの方向とは、主木（メインとなる重要な木）を中心とした、全体的に幹の傾きや流れのある方向になります。一本ものは現状の木の形で方向を判断しますが、複数のグループでは、つくる側である程度調整が可能です。

なお、グループ内の木のレイアウトにより、全体の勢いや奥行きは変わります。

直幹

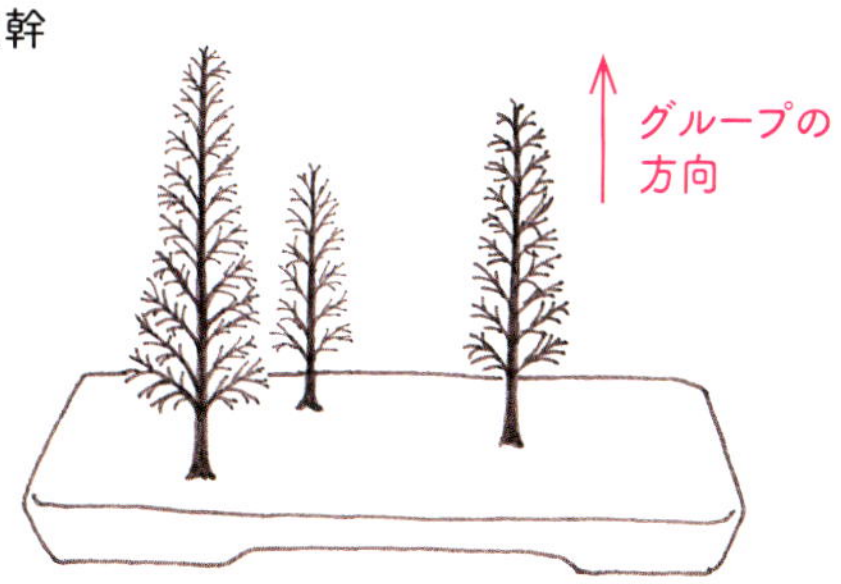

直幹は上へ上へ伸びる。上方向がグループの方向となる。

斜幹

主木をはじめとした、木のグループが
流れている方向がグループの方向となる。

Rule 22

大きな木と小さな木で奥行きを表現する

大きな木を前に

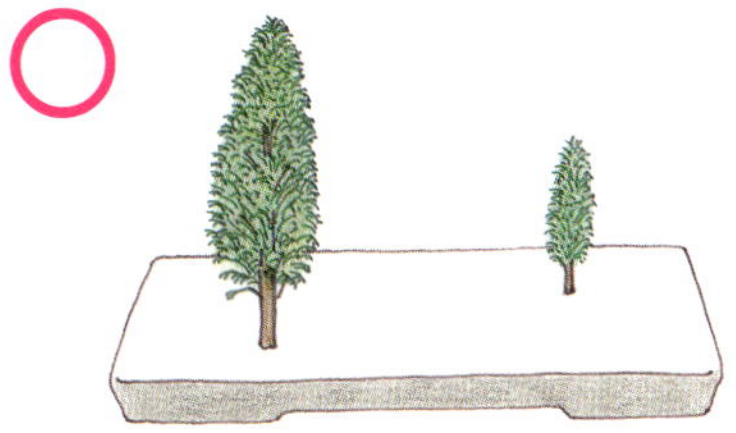

大きな木を前に、小さな木を後方に置くとより奥行きや広さを表現できる。

小さな木を前に

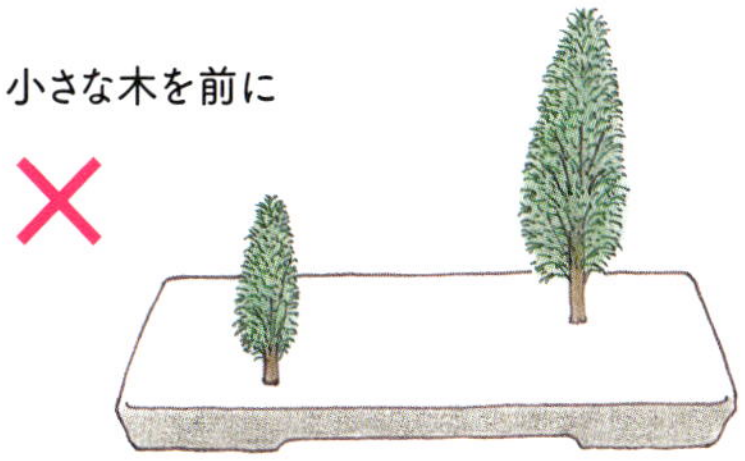

大きな木が後ろにあると、奥行きが出ないばかりか空間が遮断されてしまう。

景色に奥行きを持たせたいときは、大きな木と小さな木を使って遠近感を出すとよいでしょう。このとき、大きな木は鉢の前方に、小さな木は鉢の後方に配置します。野に立ったとき、近くの木は大きく見え、遠い木は小さく見えます。これを擬似的に表現するためです。小さな鉢で奥行きを表現したいときにとても有効なテクニックです。

逆に大きな木を後方に配置すると空間がそこで遮断され、広がりが感じられなくなりますので注意しましょう。

Rule 23
不等辺三角形をつくるようにレイアウトする

枝もの同士で行う寄せ植えのレイアウトでは、各木の位置で不等辺三角形をつくることが最重要ポイントです。しかし、ただ三角形をつくればよいというわけではなく、「前、横から見て、木を同一線上に置かない」「正面から見て、幹の間隔が異なるように置く」というルールがあります。なぜなら、規則的な並びは人工的で自然ではないからです。さらに上達すると、三角形の形を変えて、景色に安定や変化、深みや広さを表現できるようになります。

不等辺三角形のつくり方

①主木を仮置きする。このとき一本もののルールに従い、正面と方向を考慮する。

②添えの木「添え１」「添え２」を仮置きする。木の方向は主木に合わせるが、正面はあまりこだわらなくてもよい。「前、横から見て、同一線上に置かない」「正面から見て、幹の間隔を均等にしない」を念頭に、不等辺三角形をつくる。

③木のグループ全体と鉢の空間のバランスを取って、レイアウトを確定する。木が鉢に寄りすぎず、グループの方向の面積を広くするなど広がりを持たせる。

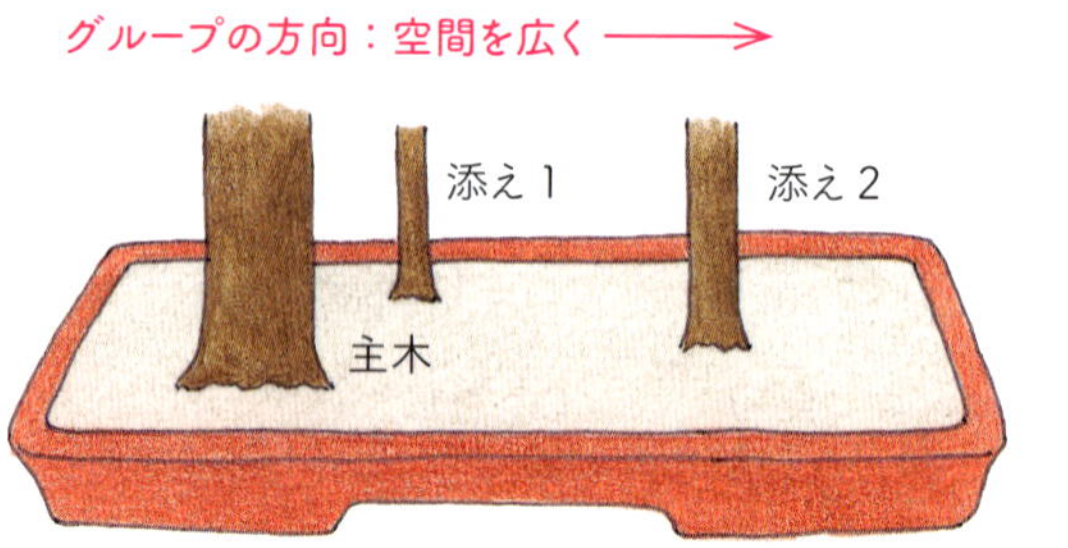

グループの方向と空間を広くとる

鉢に対するグループの位置は、一本ものの木と同じと考えればよく、グループの方向に広さを与えると、広がりと安定感が得られる。植物と空間の割合は７：３にするとバランスが取りやすくなる。

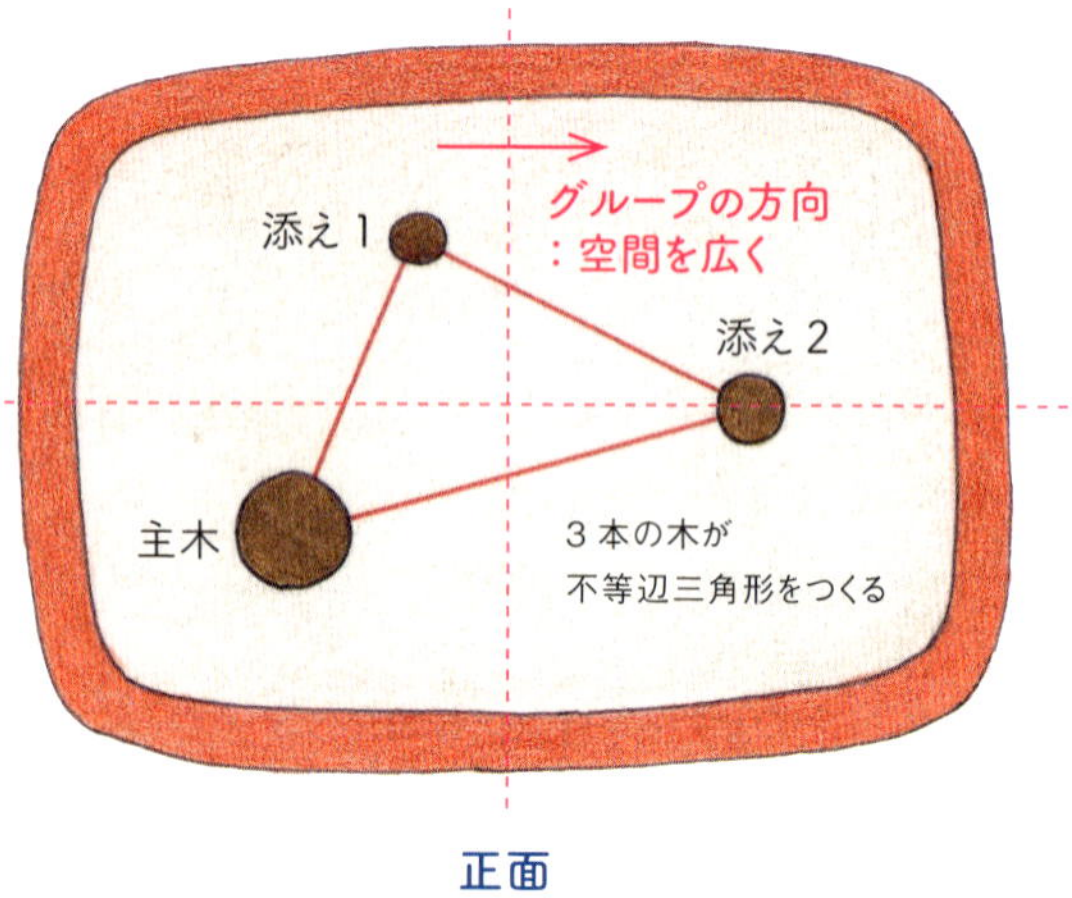

最もバランスが取れた基本的なレイアウト。初心者はこの形から発展させるとよい。

レイアウト例

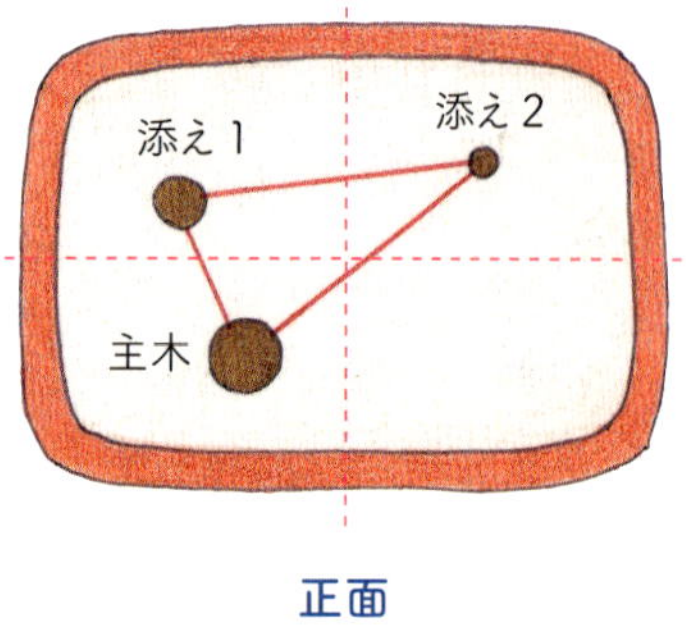

主木を鉢の前部に置き、不等辺三角形をつくると奥行きが出て、バランスが取れたレイアウトになる。

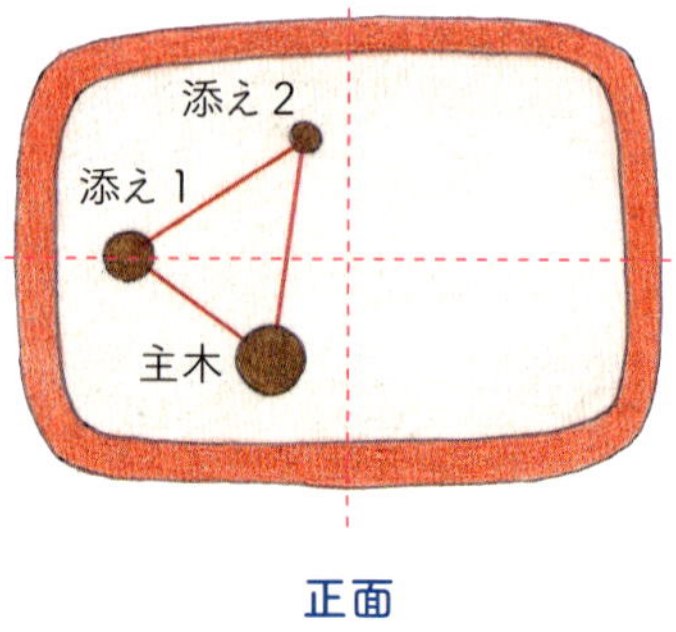

鉢の左側に３本を配置。右側に空間ができ、広がりが感じられる。場合によってはこの空間に木を増やすことも可能である。

寄せ植え

Rule 24
斜幹の場合は、それぞれの方向をグループの外側へ向かわせる

斜幹の木を寄せ植えする場合、それぞれの幹に異なる動きがあるので、植える角度や方向を細かく意識しなければなりません。

注意すべきポイントは、「幹を交差させない」「主木に方向やバランスを合わせる」「根元は添い、幹先にいくにつれ互いに離れる」の３点です。日の光を求めて天に向かっている自然界の様子を思い浮かべれば、おのずとこの形になります。自然の様子を再現することが景色盆栽なのです。

幹を交差させない

正面から見て幹が交差しないようにする。幹が交差する光景は、自然ではあまり見られない。

主木に方向やバランスを合わせる

主木はしっかり木の正面を意識して配置するが、添えとなる木の正面は変えてもよく、主木とバランスをとるように方向などを決めて配置する。意図を持って配置することが大切だ。

幹先にいくにつれ、互いに離れる

根元から幹の途中までは互いに添って同じ方向に向かっているが、先端になるにつれ間隔を広げてそれぞれ別の方向へ伸びていく姿が最も美しく、最も自然な姿である。この姿をつくる方法は、木を配置した後、各木に傾きを付けたり、やや回転させたりして、先端の様子を見ながら調整するとよいだろう。

傾き、伸びる方向すべて同じにすると…

鉢の中の木の傾き、伸びる方向がすべて同じだと、まるで強風に煽られているように見えてしまう。より自然に見えるよう、変化を付けて楽しい景色に仕上げよう。

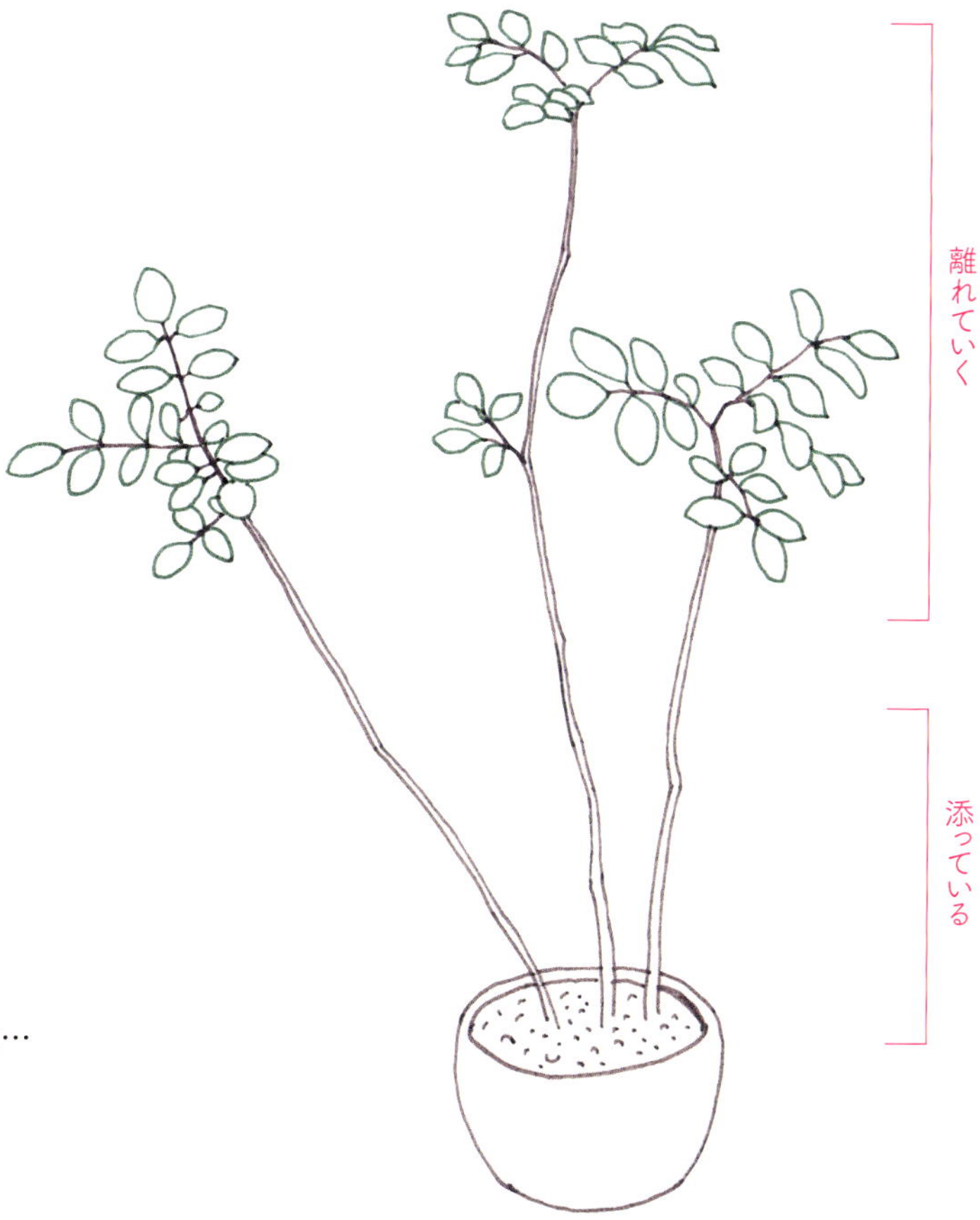

石置き

Rule 25

個性のある石を選ぶ

景色盆栽において石は、岩山や断崖、渓流、峰などを表現したり、強さや優しさ、厳しさなどの雰囲気を演出します。このように石で景色をつくる手法は、石の色や形からさまざまな自然の情景をつくり、楽しむ「水石（すいせき）」という、古人の趣味に由来しています。

石を選ぶ際は、個性的な石を選びましょう。表面の凹凸やしわ、模様がおもしろいもの、自然の景色が連想できるもの、渋みがあるものが使いやすいでしょう。

使う石は奇数個に

石を配置する際、その数は１個、３個、５個、７個、９個…と奇数にすることが鉄則。寄せ植えの木の本数と同様、景色に広がりや連続性を持たせるためだ。ただし２個はOK。石を２個以上使うときは、同系統でまとまりをつけて、大きさで変化を付ける。

同種で形、雰囲気、印象が似ている石を選ぶ

同じ地域には同じ種類の石があるように、１つの鉢で使用する石の種類を同種のものにすると、景色にまとまりがつく。丸みのあるものや角ばっているものなど、形や雰囲気を合わせることも大切だ。大中小の大きさを使って、空間にメリハリをつけることも忘れずに。揖斐川石、安倍川石、秩父石、秋川石、丹波石などがよく使われる。

石置き

Rule 26

石の方向と正面を見つける

石にも、正面と方向があります。正面は、面白い面や美しい面です。ぐるぐると回して見て、面白い面があったらそこを正面としましょう。全体でなくても、どこか一部が山の稜線や渓流にたたずむ石に見えたらそこを利用しましょう。見栄えのよくない部分は、土中に埋めればよいのです。

正面が決まった後、正面から見て山の稜線が長いほうや、勢いがあるほうが石の方向となります。しかし、石の傾きを変えることによって、方向を変えることができます。配置するときは、木の方向と合わせます。

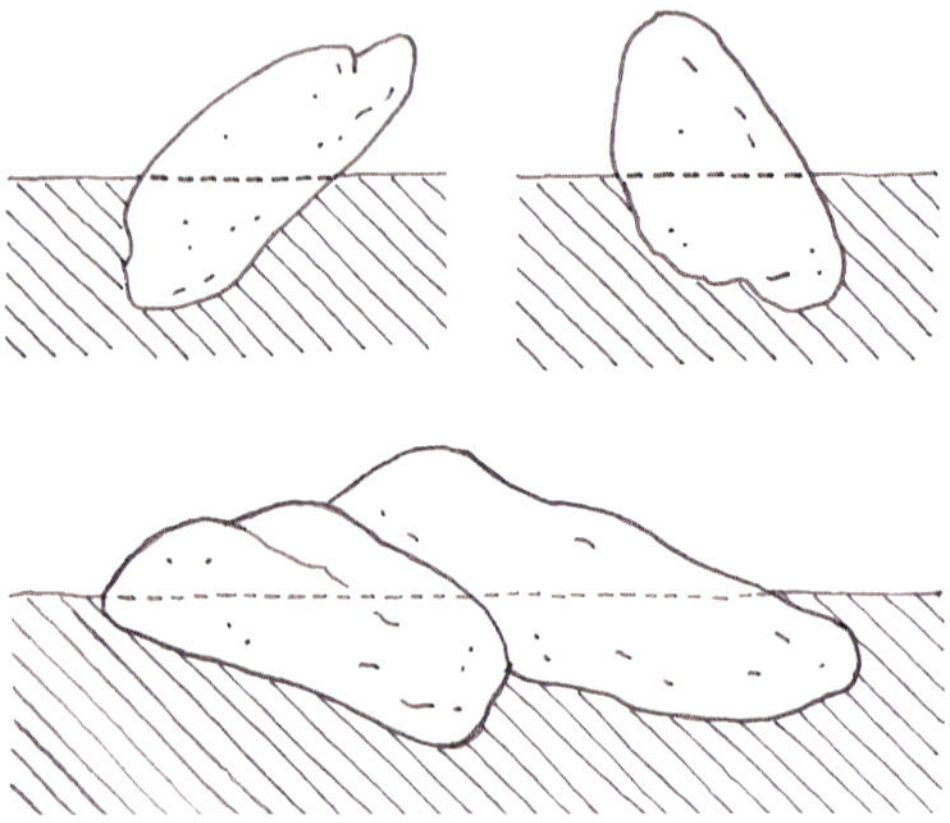

使いたい部分のみ地上に出す。ほかの部分を土中に埋めることで、角度や方向を思い通りに表現できる。

石置き

Rule 27

石と植物を調和させる

石の配置は、植物と調和させることを第一に考えなくてはなりません。植物と石が調和したときに、空間全体に安定が生まれ、木や石の方向に変化（勢い）が付きます。調和させるには、「木の方向と石の方向を合わせる」「木の方向側の、根元近くに置く」ことを心掛けるとよいでしょう。

木の方向と石の方向を合わせる

一般的には木が主となるので、「木の方向に石の方向を合わせる」と覚えておく。

石の上面の線と枝の線は徐々に広く

枝の線と石の上面の輪郭が合うと、木と石が調和し、空間がすっきりする。間隔が徐々に広がるようにするのがベストだ。高さが欲しいときは、石の下に土を盛って調節する。

木の方向側の根元近くに置くと安定する

木の方向側に石を置くことで、力が均衡し、鉢が安定する。石を根元近くに置くとさらに安定感が増す。

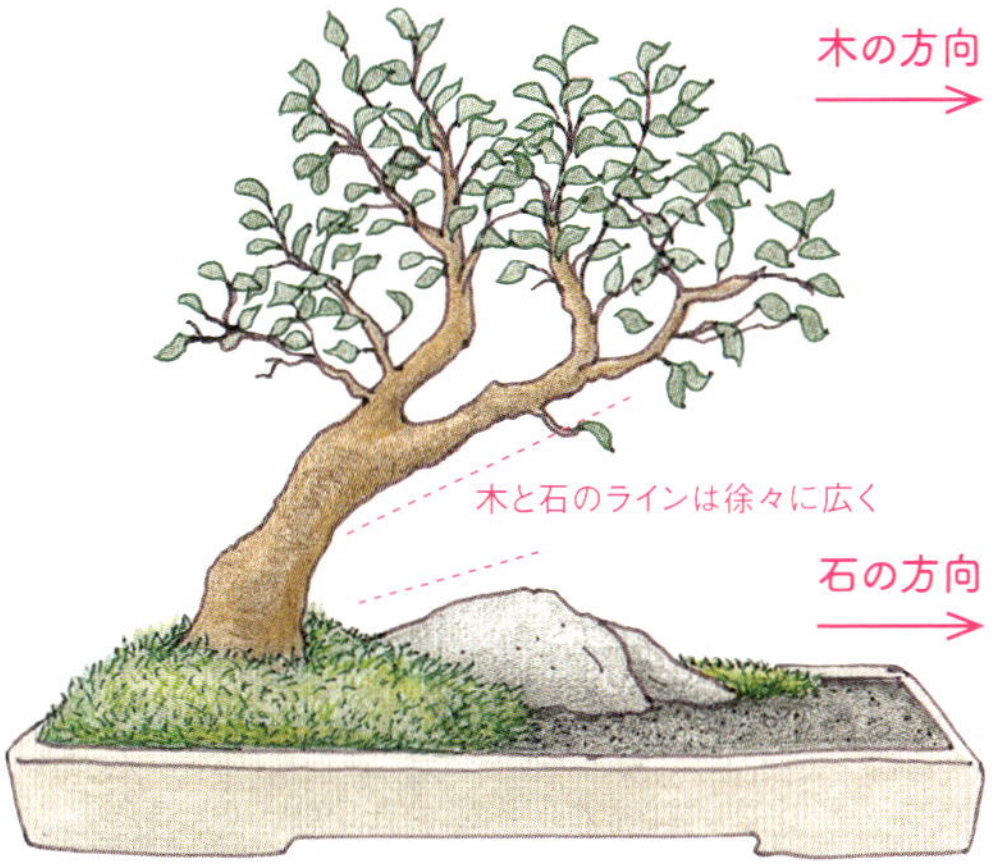

石置き

Rule 28

複数個の石を配置する

複数の石を配置する際、自分の感覚に任せて好きなように並べればいいというわけではありません。植物と同様、ここにも安定と変化のためのルールが存在します。

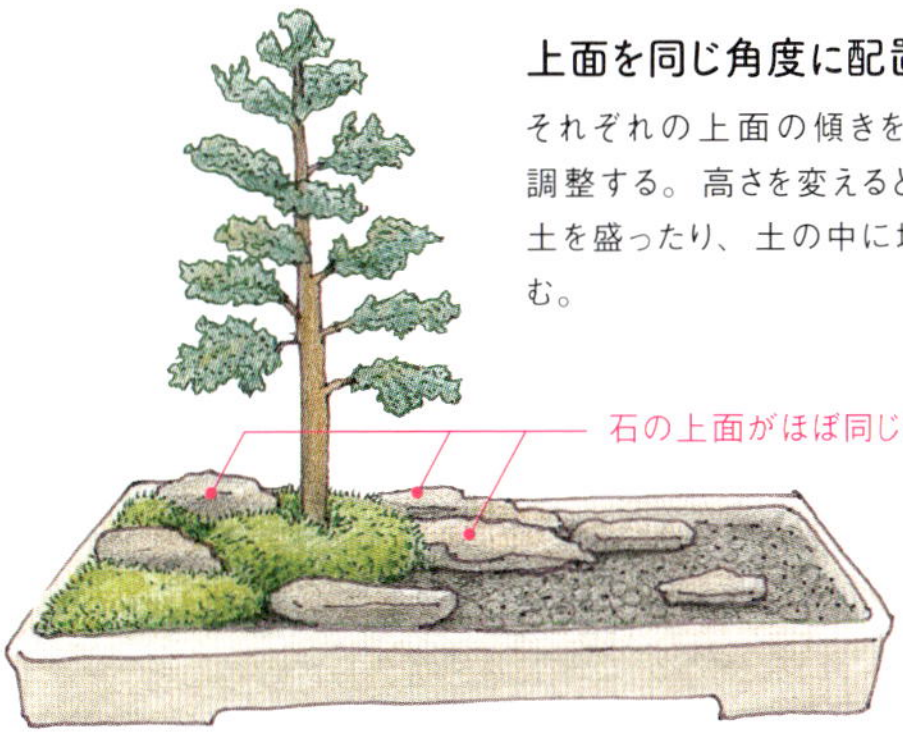

上面を同じ角度に配置する

それぞれの上面の傾きを同じく調整する。高さを変えるときは、土を盛ったり、土の中に埋め込む。

不等辺三角形をつくる

まず1番目にメインとなる石を置く。その石に添わせるように、2番目、3番目と次の石を置いていく。3個以上の場合、位置を結んだ形が不等辺三角形になるように置く。

各石の方向を同方向へ

鉢中の勢いは一方向に向かうのが望ましい。勢いにバラつきが出ないように、石の方向を同じにする。

石置き

Rule 29

小さい石を後ろに置いて奥行きを表現する

大きな石を前方に、小さな石を後方に置くことで、鉢に奥行きや深みが生まれます。実際の景色を見たとき、遠くにあるものが小さく見え、近くにあるものは大きく見えます。この遠近法を利用し、より小さな石を後ろに置くことで、実際の距離よりも奥行き感を表現できます。

逆に大きな石が後方にあると、空間がそこで遮断され、窮屈になるので注意が必要です。

小さな石を後ろに置く ○

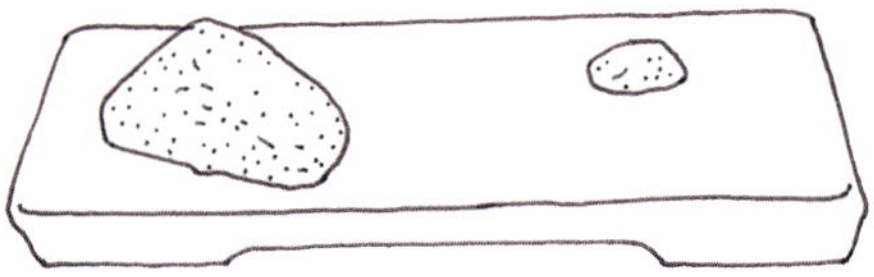

大きな石を前に、小さな石を後方に置くと、より奥行きや広さを表現できる。

大きな石を後ろに置く ×

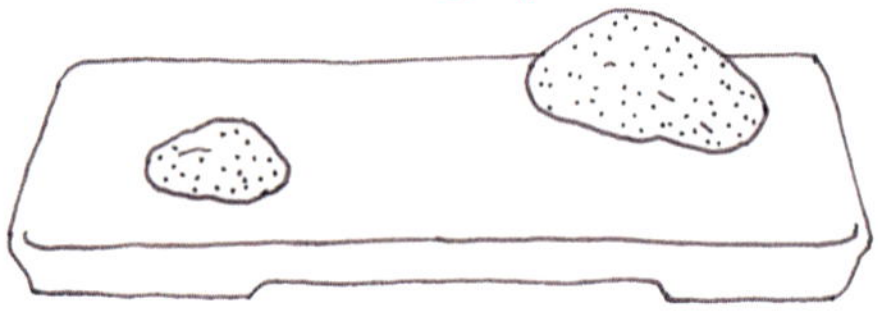

大きな石が後ろにあると、奥行きが出ないばかりか空間が遮断される。

苔張り

Rule 30

苔を張る位置や面積はバランスよく

景色盆栽において、苔はとても大切な要素です。苔は平野や草原、丘陵などを表現し、落ち着いた雰囲気を醸し出ます。青々とした苔は見ていてとても安らぎます。しかし、苔は全面に張ればよいというわけではなく、景色のコンセプトに沿ってバランスよく張ることがポイントです。

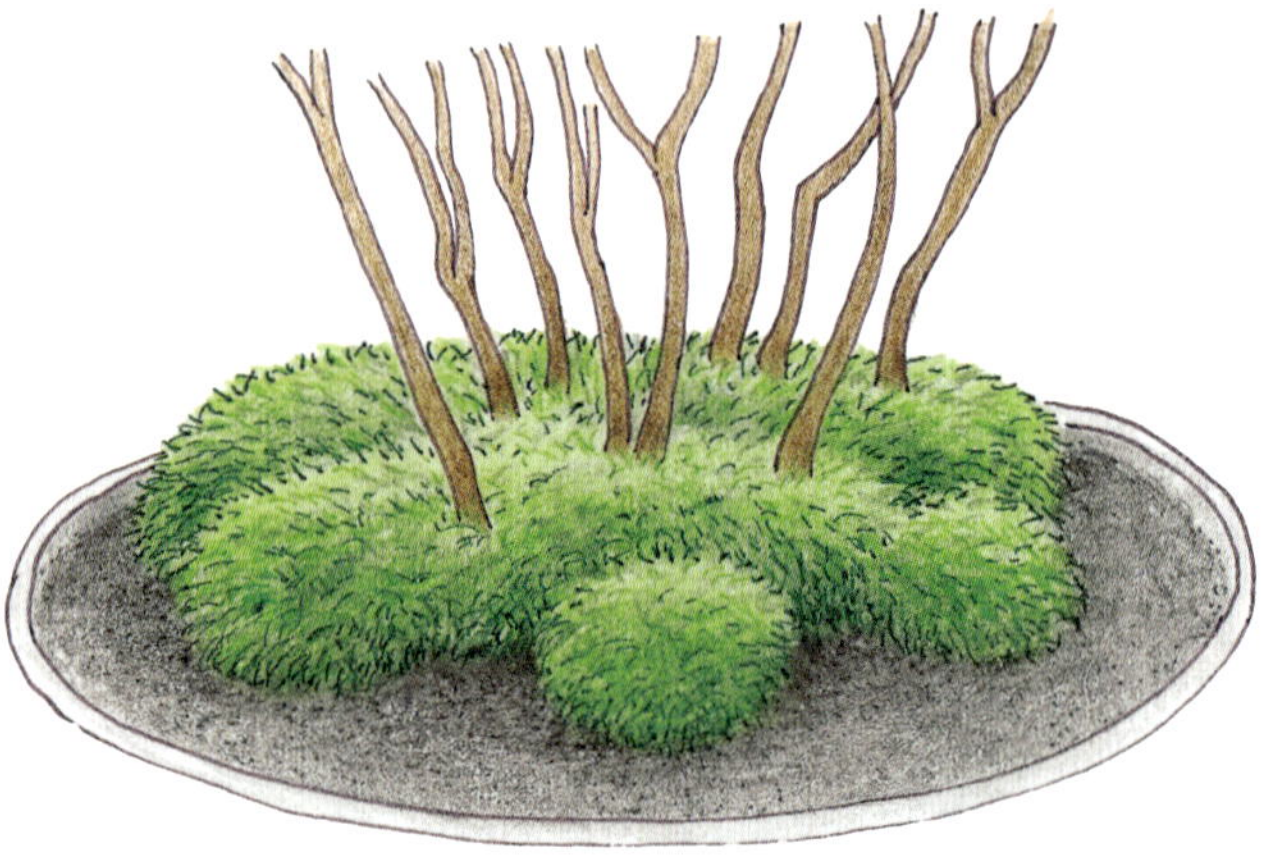

木の根元に張るのが基本

苔は木の根元に張るのが基本。丸いかたまりの苔を途中まで裂いて、木の根元を囲むときれいに張れる。形は自然のラインを生かし、丸みを残しておこう。根元のほかには、空間の広がりや連続性を表すために、鉢の際（きわ）にも張る。状態のよい苔は、正面や最前面など、目立つ場所に使おう。あまり状態のよくない苔は、奥のほうや裏面に使うようにする。

苔を張る割合は、7 割または 3 割

苔を張る割合は、土面の 7 割または 3 割を基本とする。これを基に、つくる景色によって少しずつ割合を変えていくと空間が落ち着くだろう。苔を張らない部分には化粧砂を敷く。

苔張り

Rule 31

苔の質感を上手に盆栽に生かす

景色盆栽でよく用いられるホソバオキナゴケやアラハシラガゴケなどのヤマゴケは、細かな毛が生えたような表面や丸みを帯びた形状が魅力的です。表面には葉の流れがあり、曲面のなだらかさや大小もさまざまです。これらの形状や質感を景色づくりに生かしましょう。

自然の景色を鉢中に表現する、鉢の中の空間バランスを取る、鉢の外に広がりを持たせる、といった景色盆栽の基本に沿った使い方ができるとよいでしょう。

苔の流れは、根元から外へ

苔をよく見ると、苔の葉の流れがあることに気付く。盆栽では木が主役となるので、苔の葉が木の根元から外へ流れるようにして苔を張る。山をつくる場合は、頂から麓へ葉を流すように張る。

苔の凸凹で表現を楽しむ

ヤマゴケは、中央が盛り上がった凸状の形態で入手することが多い。苔張りでもそのふくらみを生かして、凸凹の面をつくってみるのもよいだろう。起伏に富んだ面白い景色をつくることができる。

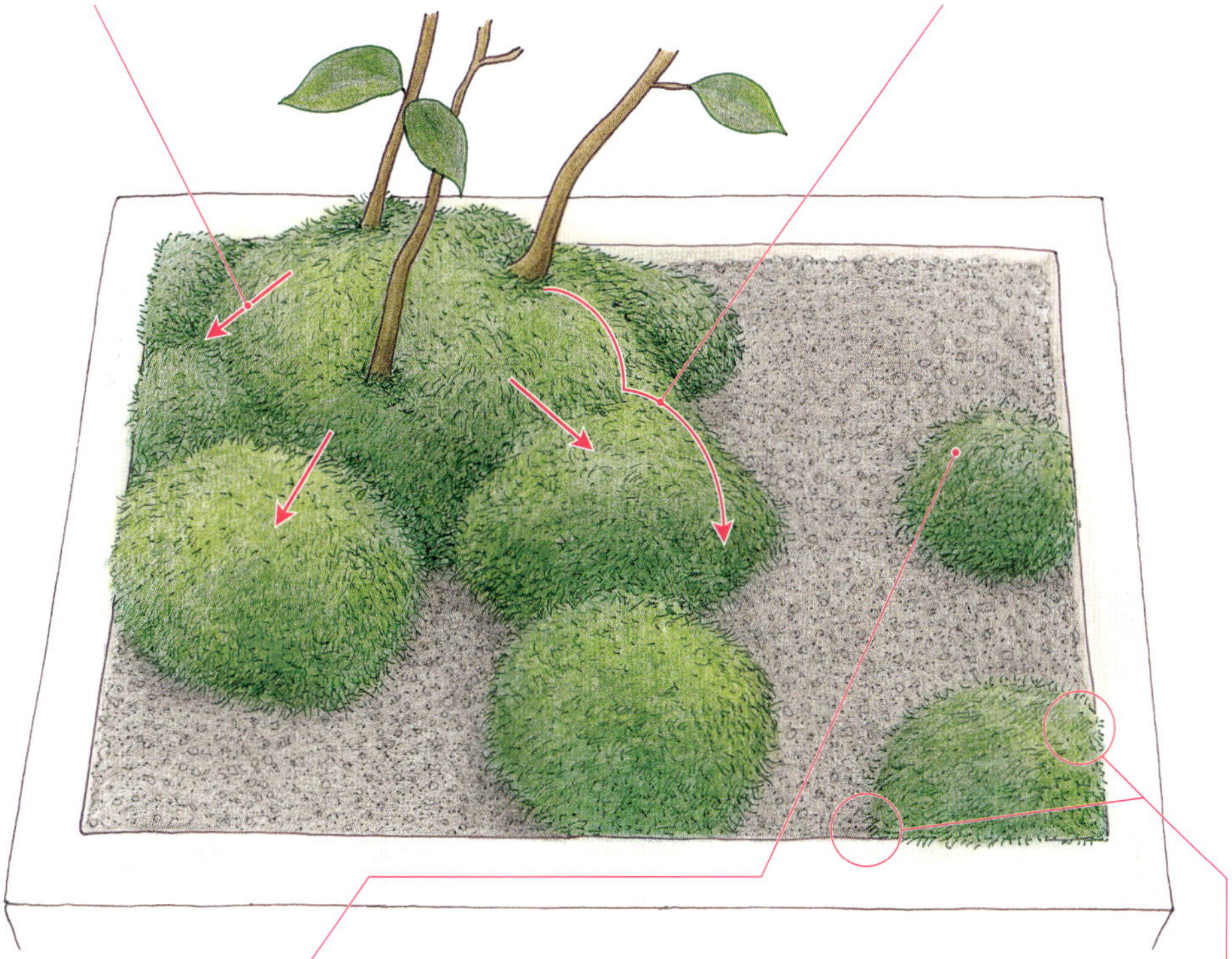

島をつくる

広めの鉢の場合、空いた空間の中にポツンと1片の苔を張って島をつくるのも表現のテクニックだ。海や湖、河川の中島、また丘陵を連想させる。鑑賞者の視線が止まり、空間のアクセントとなるとともに、落ち着きをもたらす。

苔の緑の曲線（弧）で、空間が続いている感じを出す

苔の曲線を生かして、鉢の外にも空間が続いている感じを出すことができる。奥行き方向に曲線を走らせたり、鉢の縁で曲線が途切れるように苔を配置するとより継続感を出せる。このとき、鉢の縁と苔の縁がより浅い角度で交われば、さらに鉢外への広がりが感じられる。鉢の縁を意識しないで大きな地表面があるとイメージして、苔を配置していくとよいだろう。

化粧砂

Rule32

砂の色や質感で雰囲気を演出する

化粧砂も鉢の中に景色をつくる要素の１つです。海や山、庭園などを表現して自然の情景に近付けたり、季節感や落ち着き、都会的な雰囲気などを演出します。

化粧砂にはさまざまな種類がありますが、つくりたい景色や好みに合わせて選びましょう。色や質感によって雰囲気がかなり変わりますので、季節ごとに取り替えるなどして楽しみましょう。

鞍馬砂は、落ち着きのある上品な風情を醸し出す。

御影石は、渋みやわびさびが感じられる。

那智黒は、高級で気高い雰囲気が感じられる。

化粧砂

Rule33

砂の粒の大きさでスケール感を表現する

化粧砂は粒の大きさもさまざまです。鉢の大きさに合わせて粒の大きさを変えるのが一般的で、大きな鉢には大きめの粒を、小さな鉢には小さめの粒を使用します。

応用として、大きな鉢でも小さめの粒を使うと、より広い景色に見えるようにスケール感を変えることができます。

富士砂の極小粒を使うとスケールが大きくなる。木を大きく見せたり、広い景色を表現したりできる。

富士砂の中粒を使うとスケールが小さくなる。木を小さく見せたり、近くに寄った景色を表現したりできる。

〈四季折々を楽しむ草木図鑑〉

萌える緑と色づく葉、
艶のある幹に天を目指す枝、堅く甘く結ぶ実——
季節ごとに違った魅力を見せてくれる草木たち。
ここでは、景色盆栽によく用いられる植物を紹介します。

常緑

年間を通して葉を付ける木が常緑樹です。中でもマツなどの松柏類でつくる「松柏盆栽」は、盆栽の代表格として昔から親しまれています。長い年月をかけ、幹や枝振りを育てたい人にお勧めしたい樹種です。品品の景色盆栽では、松柏類を和モダンなイメージを醸し出す植物としてよく使っています。

ゴヨウマツ

日本の代表的五葉の樹種。葉は1カ所から5枚生えるのでほかのマツに比べてボリューム感があり、豪華な印象がある。クロマツと同様、玄関や床の間に飾るとよい。マツ科。

クロマツ

灰黒褐色の樹皮、濃緑の硬い針葉が男性を連想させるため、男松と呼ばれる。力強い形状などから、盆栽のシンボル的存在でもあり、正月の玄関、床の間などに置かれる。マツ科。

アカマツ

樹皮が赤褐色でしなやか。老木になると亀甲状に割れる。葉は柔らかで黄緑色をしており、女性を連想させることから別名、女松と呼ばれる。マツ科。

シンパク

盆栽の世界では生と死をイメージさせる樹種。マツと同様、盆栽の木としてよく使用される。幹や葉がやわらかいので、形をつくりやすい。耐寒性、耐陰性がある。マツ科。

ヤツブサエゾマツ

針葉が房のように密に生えているので、つくる盆栽にボリューム感が出る。エゾマツは北海道の木に指定されていることなどから、北の地域をイメージさせる。マツ科。

トショウ

盆栽を代表する木のひとつ。幹は成長とともにグネグネと曲がり、その形状は力強く存在感がある。葉は触ると痛いくらいに硬く尖っている。ヒノキ科。

ヒノキ

シンボリックな木。和でも洋でもしっくりとくるモダンな印象がある。その形から和のクリスマスツリーとして利用されることも多い。春～夏に新芽が出てひと回り大きくなる。ヒノキ科。

キンメイチク

竹の一種で、全体が明るい黄金色をしている。幹や葉に入った黄色の筋が美しい。正月用の盆栽に使われるほか、涼やかな印象を与えるので夏に使うことも多い。イネ科。

フイリアセビ

スズランに似た釣鐘状の小さな花を多数咲かせ、よい香りがする。初夏の若葉が紅色で美しく、樹形も面白みがあり、優雅な盆栽に仕上がる。ツツジ科。鑑賞期：3～4月花。

トクサ

茎の表面がギザギザしているため物を磨くのに利用されたことから、砥草《トクサ》の名が付く。竹に見立てることが多く、正月用盆栽や竹林の表現に使う。トクサ科。鑑賞期：周年。

ナンテン

不浄を清め、長寿を祈願する縁起物として昔より日本人に慕われている木。盆栽では、正月の鉢に使われることが多い。秋から冬に赤い実を付ける。メギ科。鑑賞期：11～2月実。

コグマササ

クマザサの最も小さい種。冬、葉の縁が枯れて白く縁取られる姿も美しい。足元の緑として使われる。ササの林を表現したり、正月の盆栽にも合う。地下茎の移植で繁殖する。イネ科。

オカメナンテン

鮮やかな葉色が特徴で、クリスマスや正月の盆栽に使われるなど、冬に楽しめる木。コンパクトで、ナンテンより葉にボリュームがあり、寄せ植えに最適。メギ科。鑑賞期：11～2月実。

クジャクシダ

茎が短く横に這うため、クジャクのはねを広げたように見えることから名が付いた。春から夏にかけてさわやかなイメージを演出するのに用いられる。ワラビ科。

シマトネリコ

艶やかな小葉がかわいい樹種。葉は癒し効果あるといわれ、さわやかな印象を醸し出す。寒さに強く、冬場、鮮やかさが欲しいときに重宝する木。モクセイ科。

ヒメシャクナゲ

シャクナゲのミニチュアのような姿。足元の添えとして使い、シャクナゲを表すときに使う。桃色や白の壷形の花を下向きに数個咲かせる。ツツジ科。鑑賞期：4～5月花。

ヒメセキショウ

小型で細い葉の多年草。小さなセキショウを意味する名を持つ。モダンな味わいでシンプルなため、景色盆栽の添えとして使い勝手がよい。草原のような景色に使う。サトイモ科。

フイリタマリュウ

斑《ふ》の入ったタマリュウ。タマリュウと同様、景色盆栽の足元の添えとして使う。斑が入っているため明るいイメージの盆栽になる。ユリ科。

バイカオウレン

梅花黄蓮と書くように、冬期に梅のような五弁の白い花を咲かせる。常緑の下草として用いられ、さわやかな景色をつくり出すことができる。キンポウゲ科。鑑賞期：2～3月花。

コケモモ

耐寒性があり冬場の緑として貴重で、寄せ植えの足元に使うと効果的。小さな花が咲き、ピンクから白へと変化する。赤い実が付く姿もかわいらしい。ツツジ科。鑑賞期：6～7月花、実。

ゴクヒメタマリュウ

タマリュウの仲間で最も小さい。樹木の下草や、根締めなどの用途にも重宝する。土壌は特に選ばず、乾燥にも強く、日陰でも丈夫に育つ。繁殖は株分けで行う。ユリ科。

落葉

寒季に葉を落とす木が落葉樹で、葉は薄くてやや広いものが多いのが特徴です。新芽・新緑から紅葉、落葉、葉を落とした後の枝ぶりなど、四季の趣を味わえる植物です。景色盆栽では、雑木を表現するのによく使います。また、落葉樹は、寄せ植えの主木として使うことが多いです。

カエデ

モミジと並び景色盆栽でよく使う樹種。緑葉、紅葉と葉の変化が美しい。葉のない冬枯れの幹にも趣があり、四季を通じて楽しめる。カエデ科。鑑賞期：5月新緑、10～11月紅葉、1～2月寒樹。

ケヤキ

新緑や紅葉など四季を楽しめる樹種。小さくても大木をイメージさせ、スッキリとした安定感を与える。生長が早いため育成も楽しい。ニレ科。鑑賞期：5月新緑、11月紅葉、1～2月寒樹。

コナラ

小さい葉のナラを意味する名。葉が小さいので、盆栽仕立てにしやすい。4～5月、若葉が広がるときに花が咲き、秋にはドングリを付ける。ブナ科。鑑賞期：4～5月花、11月実。

シモツケ

ふわっとした清楚な花を付けるため、草のような印象を受ける木。花の色は淡紅、白など。春のイメージを出すときに利用する。紅葉も楽しめる。バラ科。鑑賞期：5～7月花。

ヤクシマショウマ

夏、花火のような白い花を咲かせる。葉が細かく、足元をふわっとしたやわらかい雰囲気にするときに使う。紅葉の美しさも見所である。ユキノシタ科。鑑賞期：7～9月花。

落葉

ソロ

武蔵野の雑木を代表する木で、里山をイメージさせる。秋、紅葉する。ギザギザの葉としっかりしている筋が美しい。カバノキ科。鑑賞期：5月新緑、10～11月紅葉、1～2月寒樹。

デショウジョウ

燃えるような美しい真紅の葉で、葉の形も端正。春の芽吹きと、その後の新葉が鮮やかな紅色なので、盆栽用の植物として人気がある。カエデ科。鑑賞期：新緑、紅葉。

ハゼ

紅葉する葉が美しく、「はぜもみじ」としてもてはやされる。幹上部のみ葉が付く姿が特徴的で、モダンなイメージを出したい場合に重用する。ウルシ科。鑑賞期：10～11月紅葉。

ナナカマド

燃えにくく、七回かまどに入れても燃え尽きないことが名の語源。四季を感じられる木で、白い花、球形の果実、紅葉を楽しめる。バラ科。鑑賞期：5～7月花、11月実。

ニレケヤキ

細かい枝が茂り、葉が小さくつやつやしているのが魅力。生長力が旺盛なため、剪定をしたいという初心者が楽しめる木。ニレ科。鑑賞期：5月新緑、10～11月紅葉、1～2月寒樹。

ヒメシャラ

上向きの細枝の上品さが特徴。葉が大きくならず、剪定の必要が少ない。さわやかさを表現できる盆栽向きの木。秋、葉は黄色になる。ツバキ科。鑑賞期：5月新緑、10～11月紅葉。

ヤマモミジ

芽吹きの春、緑葉の夏、紅葉の秋と葉の変化が美しい。葉のない冬枯れの幹にも趣があり、四季を通じて楽しめる落葉樹。カエデ科。鑑賞期：5月新緑、10～11月紅葉、1～2月寒樹。

ヤマコウバシ

山の雑木をイメージさせる木で、黄褐色に紅葉する葉が美しい。多くの葉は枝に付いたままで冬越しするので、冬も楽しめる。クスノキ科。鑑賞期：4～5月花、10～11月実。

センダン

水平に伸びる枝が特徴。幹先に緑がかたまって葉を付け、モダンなイメージを与える。葉は鮮やかな緑色を発して美しい。センダン科。鑑賞期：5月花。

ブナ

葉が小さく肉厚で、盆栽でよく使われる樹種。枝ぶりがよく、寄せ植えに使われることが多い。落葉後の白い幹肌も美しい。ブナ科。鑑賞期：5月新緑、10～11月紅葉、1～2月寒樹。

花もの

花を咲かせる木や草を「花もの」として集めました。可憐な美しさやかわいらしさは、生活に彩りを与えてくれます。花ものは短い期間で生長の変化がわかりやすいので、景色盆栽が初めての人は、花ものの植物を取り入れるとよいでしょう。苗を入手する際は、つぼみの状態のものを選ぶと、開花の楽しみを味わえます。

カンギク

花の少ない冬季に咲く。黄色く小さな花は可憐な雰囲気を漂わせる。黄色は春を思わせる色なので、春の訪れを感じさせる盆栽にもよい。キク科。鑑賞期：12月〜1月花。

スイレンボク

スイレンの花に似た花が咲く。さまざまな季節で咲く四季咲きで、夜になると花は閉じる。葉は楕円形で濃緑色、光沢がある。多湿、寒さに弱い。シナノキ科。鑑賞期：6〜7月花。

ヒナソウ

冬から春にかけ、黄色い中心部と白い花びらのかわいらしい花を咲かせる。足元の添え花として最適。株分けしても丈夫に育つ。トキワナズナの名も持つ。アカネ科。鑑賞期：3〜6月花。

ゴシキユキノシタ

花を咲かせ、下草として使用すると足元が落ち着く。葉の縁がピンク色をしているので、冬場、盆栽に取り入れることで華やかになる。ユキノシタ科。鑑賞期：5月〜7月花。

ピンクユキヤナギ

ピンク色の花が咲き、紅葉も美しい。つぼみから咲き始めのピンク色はとてもかわいらしく、花束のよう。鉢に、華やかさとかわいらしさをもたらす植物。バラ科。鑑賞期：3～4月花。

ヒメツワブキ

株元にフキのような形の小さな丸葉を数枚付け、瑞々しさを演出する。足元の草として、小さな花を咲かせる冬の期間に使うことが多い。キク科。

フイリノイバラ

初夏に咲く花を楽しむ。葉に斑が入るので華やかさが増す。斑入りの植物は、鉢にもう1つ植物が欲しいと思ったときに使うと効果的。バラ科。鑑賞期：5～7月花。

フイリハタザオ

旗の竿のように、茎が伸び、穂先に花を咲かせる。葉に斑が入っているので、華やかで葉だけでも十分に楽しめる。下草として使われる。アブラナ科。鑑賞期：4月～5月花。

花もの

サルスベリ

夏に花が咲く珍しい樹種。幹がつるつるでピンク色をしている様からこの名が付いた。長い間花を咲かせ続ける。ミソハギ科。鑑賞期：7〜8月花。

ボケ

冬、春、夏と季節を問わず、3㎝程度の赤くて小さな花を咲かせる。盆栽では、花の観賞用に用いられることが多い。幹はしっかりして安心感がある。バラ科。鑑賞期：2〜4月花。

ミヤビバラ

つるの伸びやかなラインが美しい。実が付きやすく、花も実も両方楽しめる植物。低木種なので、足元に寄せて使うことが多い。バラ科。鑑賞期：5〜7月花、11〜12月実。

ミヤマリンドウ

秋を代表する山野草で、紫色の花が美しい。花持ちがよく長期間楽しめる。多年草なので、根を残しておけば翌年も楽しむことができる。リンドウ科。鑑賞期：9〜12月花。

実もの

主に秋冬は実ものの鑑賞期。まわりの草木が寂しくなるとき、色あざやかな実はとても愛らしく思えます。丹念に育ててきた盆栽が実を結ぶのは、植物とともに暮らしてきて最もうれしい瞬間です。ただし、雄木と雌木がある木は、雌木でないと実がならないので注意が必要です。

カマツカ

細い枝がよく分岐し、広楕円状の樹形。しなやかな幹のラインを持ち、花や実を楽しめる。白い小花を多数付け、実は光沢のある赤色に熟す。バラ科。鑑賞期：4～5月花、10～11月実。

ヤマガキ

昔から日本人の生活になじんできた樹種。秋に橙の実を付ける。田舎の景色を思い起こしたり、郷愁を感じさせる景色盆栽に仕上がる。カキノキ科。鑑賞期：10～11月実。

ベニシタン

春に薄紅色の花が咲き、秋に赤い実が付くので、花実両方を楽しめる植物。枝も葉も生長が旺盛なので、盆栽仕立てにしやすい。バラ科。鑑賞期：10～11月実。

実もの

ロウヤガキ

鑑賞用のカキで、盆栽によく使われる。小さく先が尖った実がたくさん実る姿は豊穣の秋を感じさせる。雌雄異株なので、注意が必要。カキノキ科。鑑賞期：10～11月実。

ムラサキシキブ

品のある紫色の果実を付ける。盆栽仕立てにするには、春、夏に剪定をし、樹形をコントロールする必要がある。白い果実を付けるシロシキブもある。クマツヅラ科。鑑賞期：9～12月実。

ヤブコウジ

別名ジュウリョウ。地被植物なので足元の添えなどに使うが、シンプルに見せれば単独で景色としても使える。正月、クリスマスらしさを演出できる。ヤブコウジ科。鑑賞期：10～1月実。

ガンピ

落葉の低木種。樹皮は硬く、和紙の原料となることで知られる。春に花、冬に実と、両方を楽しめる植物のひとつ。ジンチョウゲ科。鑑賞期：10～11月実。

苔

苔は、土面を覆って美しく見せたり、丘陵や草原、島などに見立てたりと、景色を表現する上でとても重要な植物です。見た目の美しさに加え、鉢中の保水をするなど機能性も兼ね備えています。苔の種類はいろいろありますが、中には植物に悪影響を及ぼす苔もあります。ここで紹介されている苔を選べば問題ないでしょう。

ギンゴケ

道端や石垣、コンクリートブロックのすき間などにこんもりとした密な群落を形成して生える。水分を含んでいないと、光を反射して白銀色となる。

アラハシラガゴケ

ヤマゴケの一種。環境の変化にも対応しやすいので、室内でも室外でも気軽に使える。ホソバオキナゴケと似ているが、毛先が長く、白っぽい色をしている。

スナゴケ

不規則に短い枝を出す。葉が集まったように、全体に密に付く。乾燥すると葉を閉じて筆状になり、水分を含むと葉が広がって緑になる。

ビロードゴケ

ギンゴケの仲間で、表面がより細かい。表面は鮮緑色でビロード状に輝いておりとても美しい。高級感を醸し出す。

ホソバオキナゴケ

ヤマゴケの一種。密なクッション状の群落を形成し、葉の並びが美しい。湿り気があると濃い緑色に、乾燥すると白くなりその様が翁の白髪に例えられる。

〈盆栽を彩る鉢としつらい〉

鉢は、盆栽の世界観を決める重要な要素のひとつです。
しつらいは、盆栽をより魅力的に見せるステージです。
しつらいに用いる皿や敷布、台の形や素材によって、
盆栽はさまざまな表情を見せてくれます。

盆栽の世界観を決める
いろいろな鉢の魅力

鉢の形や雰囲気によって、景色盆栽の表情も変わります。どんな世界をつくり出すのか、でき上がりをイメージしながら鉢選びをするのも楽しい作業です。ここでは、品品で扱うさまざまな鉢を一堂に集めました。和風モダンな鉢、気品のある鉢、朴訥とした鉢、ちょっと変わった動物モチーフの鉢――。いろいろな鉢の魅力を味わってみましょう。

1

2

3

4

5

6

7

8

9

10

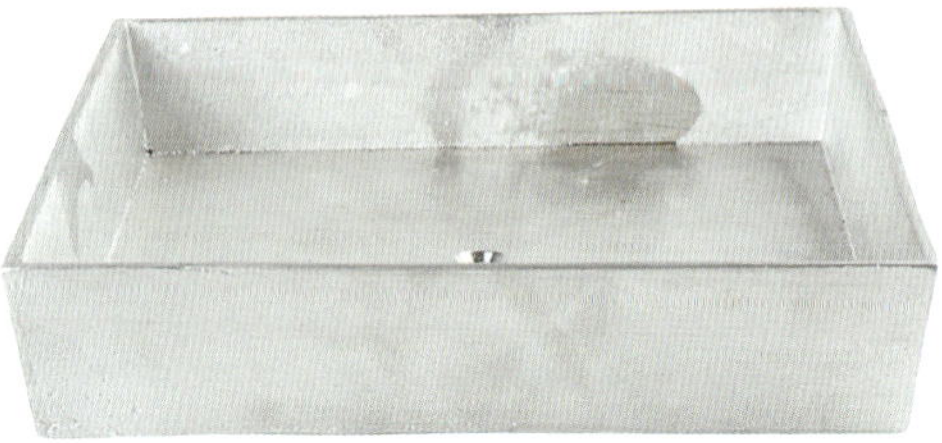
11

1. 鞍馬鉢　2. 鞍馬変わり鉢　3.yure ／デザイン・小泉誠、製造・能作　4.on ／デザイン・小泉誠、製造・能作　5.yuragi ／デザイン・小泉誠、製造・能作　6.tarumi ／デザイン・小泉誠、製造・能作　7. 真鍮丸鉢　8. 真鍮三角鉢　9. 真鍮四角鉢　10. 信楽角鉢 大　11. 錫角鉢／製造・能作

15

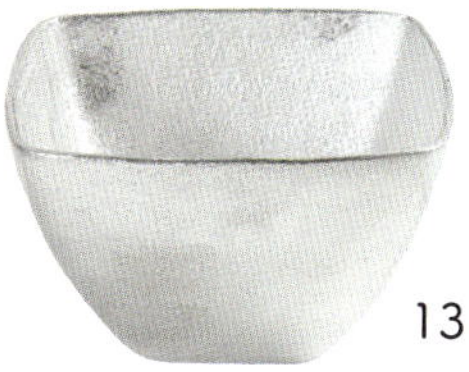
13

12

16

14

17

18

19

20

21

26

22

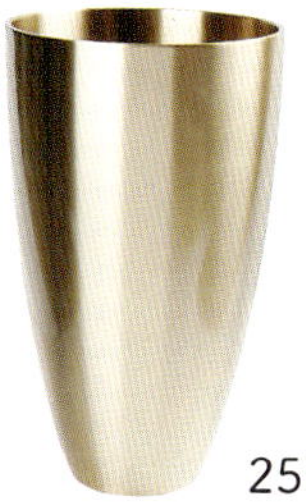
25

24

23

12. 錫三角鉢／製造・能作　13. 錫四角鉢／製造・能作　14. 錫丸鉢／製造・能作　15. 焼締皿鉢／品品オリジナル　16. 焼締丸鉢／品品オリジナル　17. 白丸鉢／品品オリジナル　18. 銅彩丸鉢／作・田中信彦　19. トルコブルー丸鉢／作・田中信彦　20. トルコブルー皿鉢／作・田中信彦 21. 銅彩皿鉢／作・田中信彦　22. 真鍮ロクロヘアライン仕上げ Type-A ／製造・能作　23. 真鍮ロクロヘアライン仕上げ Type-C ／製造・能作 24. 真鍮ロクロヘアライン仕上げ Type-B ／製造・能作　25. 真鍮ロクロヘアライン仕上げ Type-D ／製造・能作　26. 真鍮ロクロヘアライン仕上げ Type-E ／製造・能作

28

27

29
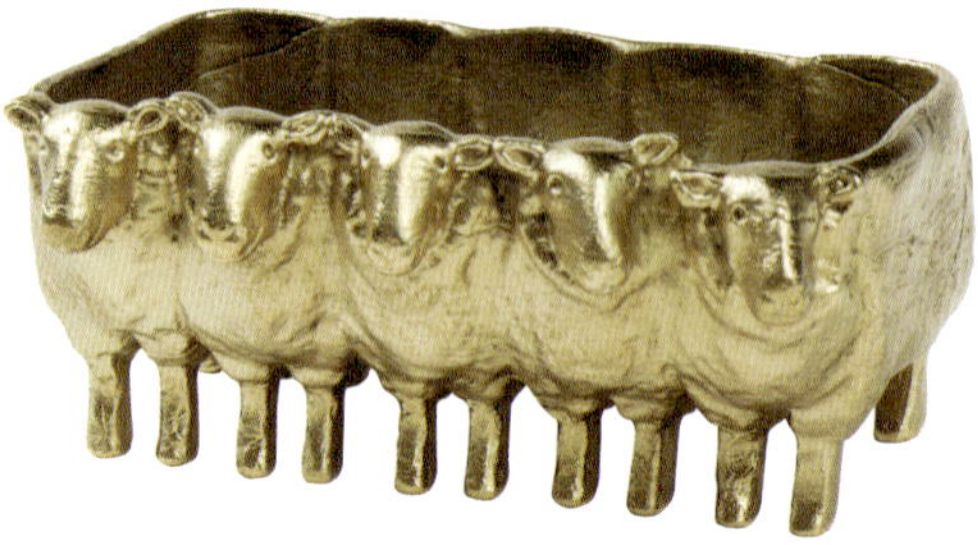
30

31

32
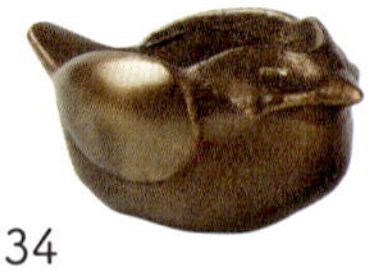
34

33

35

36

38

37

27. はりねずみ（小）／デザイン・青木有理子、製造・能作　28. はりねずみ（大）／デザイン・青木有理子、製造・能作　29. なまけもの／デザイン・青木有理子、製造・能作　30. ひつじ／デザイン・青木有理子、製造・能作　31. かめ／デザイン・青木有理子、製造・能作　32. ねこ／デザイン・青木有理子、製造・能作　33. ひなどり（錫）／デザイン・青木有理子、製造・能作　34. ひなどり（真鍮）／デザイン・青木有理子、製造・能作　35. 縦ストライプ・パステルブルー／作・松野章弘　36. 縦ストライプ・パステルカーキ／作・松野章弘　37. 縦ストライプ・パステルピンク／作・松野章弘　38. 横ストライプ・パステルカーキ／作・松野章弘

オリジナルの鉢づくり

器の底に水が通る穴を開ければ、盆栽鉢として使えます。陶器であれば、市販の電動ドリルを使って穴を開けることができます。お気に入りのカップなどで、オリジナルの盆栽鉢をつくってみましょう。

用意するもの

霧吹き

盆栽制作用でよい。穴空けの際、器とドリルの摩擦熱を下げるために使う。

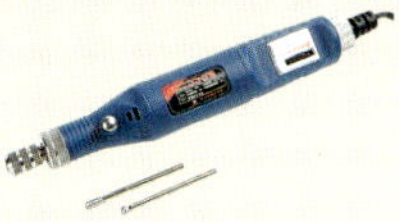

電動ドリル

替え刃も準備しておくと便利。ホームセンターなどで安価で購入できる。

鉢にする器

穴を貫通させやすいように、陶器でなるべく薄めのものを選ぶとよい。

1 器を布巾の上に置く。穴を開けるポイントを決め、霧吹きで濡らす。電動ドリルで切削を開始する。

2 切削部に霧吹きで水を吹きながら削る。ドリルへの過剰な負担を避けるため、5分程度おきに休ませる。

3 穴が貫通したら、周囲を削って穴を広げる。大きな器はやや大きめに穴を広げよう。

4 シリコンなどで高台を付ける。高台を付けることにより、水はけ、風通しがよくなる。

5 P.20を参考に、鉢底ネットを張れば盆栽鉢として使える。オリジナル鉢で盆栽を制作すると、楽しさもひとしおだ。

完成

より魅力的に見せるステージ

しつらいのポイント

屋外で育て、手入れを行うことの多い盆栽ですが、もちろん室内で鑑賞するという楽しみ方もできます。

そのように盆栽を室内に飾る際に気を配りたいのが、「しつらい」です。ここでいうしつらいとは、単に室内に盆栽を置くのではなく、来客をもてなすため、生活空間を美しく整えるため、皿や敷布、台などの調度を用いて飾り付けることを意味します。景色盆栽の世界では、しつらいはとても大切な要素です。

しつらいに用いる調度のデザインや素材などは実にさまざまですが、その選択によって盆栽もまた違った表情を見せてくれます。しつらいは、盆栽をより魅力的に見せるためのステージといえるでしょう。

その一方で、鉢の下に敷く皿や敷布には、水や土による汚れ、傷みから、建材や家具を守るという機能的な利点もあります。

しつらいに「こうしなければいけない」という決まりごとはありませんが、ここではいくつか例を挙げてそのポイントを解説します。盆栽を手に入れたら、ぜひしつらいを楽しんでみましょう。

◎形

同じ素材からつくられた皿でも、その形が違えば盆栽の見え方も変わってきます。

四角形

三角形より角が多いため、均整の取れた形。家具の形も四角形が多いので合わせやすく、オーセンティックな印象を与える。

丸

安定感があり、盆栽や場所を選ばない形。全体に柔和で、優しい雰囲気となる。

三角形

3つの角が方向を示すため盆栽の存在感が増し、力強さが強調される。部屋のアクセントとして盆栽を際立たせたいときに使うとよい。

◎素材

鉢の下の敷く皿や布には、金属や陶器、布、木など、さまざまな素材があります。素材の硬さや色によって盆栽の雰囲気は変わります。また、同じ素材でも、気分や季節によって色を変えてみるのも一興でしょう。

錫《すず》皿

錫の質感と銀色の風合いが涼やかなので、夏のしつらいとしておすすめ。また、錫には殺菌効果があり、水が溜まっても根腐れしにくいという利点がある。

焼締角皿

硬質な素材感が、モダンな家具やインテリアと一体感を生み出す。あえて水が溜まらない平らな形状にすることで、水やりを屋外など違う場所で行うように仕向ける効果もある。

敷布

布の柔らかさから、盆栽も優しい雰囲気に見える。また、色や柄を選べるので、夏は寒色系、冬は暖色系というように、季節によって布を変えるといった楽しみ方もできる。ただし、水やりの後はしっかりと水を切ってから置く必要がある。

◎重ねる

小さいものと大きいものを重ねて使うと、より存在感が増します。細長い飾り台を使用する場合、盆栽を中央ではなく、7対3の位置に置き、余白を設けたほうがバランスがよくなります。

錫皿＋飾り台（タモ材・ブラウン）

暗い色の飾り台を使うと、シックなイメージになる。写真の例では、同系色の枝ぶりの勢いが強調されている。コンクリート壁などのモダンな室内にも合う。

錫皿＋飾り台（タモ材・ナチュラル）

明るい色の飾り台は、清廉なイメージになる。アイボリーやベージュを基調としたナチュラルテイストの部屋などに合わせやすい。

◎並べる

大きい飾り台に、小さいサイズの盆栽をいくつか並べるのもよいでしょう。同じ種類だけでなく、写真のようにさまざまな種類のものを並べても趣深いです。

錫皿＋飾り台（タモ材・ナチュラル）

左からヤマモミジ、ハゼ、コナラと種類の違う盆栽を均等間隔に並べた。高さの違うものを選び、変化を付けたのもポイントだ。

錫皿＋敷布

藍染めの敷布と錫皿、白い鉢の組み合わせが、涼しげな雰囲気をつくり出している。夏にぴったりのしつらいだ。

新鞍馬石＋矢作砂＋揖斐川石

鉢としても使用できる新鞍馬石に矢作砂を敷き詰めた。奥に置いた揖斐川石の周りにヤマゴケを植え、苔むした水辺を歩く亀の様子を表した。このように、砂や石を組み合わせたしつらいもおもしろい。

錫(KAGO – スクエア)

自由に変形できる錫のかごを、ヘンリーヅタの流れに沿って変形させている。このかごは金属でありながら、柔らかく、有機的な形状をつくりだして、空間を彩ることができる。

焼締角皿+飾り台(神代杉)

豆鉢にヤマゴケを盛ったシンプルな盆栽を焼締角皿に載せて、神代杉の飾り台に等間隔に飾った。ひよこのような愛らしい盆栽が並ぶことによって、リズム感が生まれている。

〈知っておくべき盆栽のお手入れのしかた〉

盆栽の美しさ、健康を保ち続けるには、
適切なお手入れが必要となります。
水やりや施肥、剪定などを行う際に、
知っておきたい基礎知識と要点を紹介します。

水やり

盆栽に水分を補給する水やりには、水とともに空気と養分を根に送り込む働きもあります。

水やりは、土が乾燥する前に行うのが基本です。タイミングや回数は、植物の種類や季節によっても違います。一日一回といった回数で水やりのタイミングを覚えるのではなく、盆栽の状態をよく観察して、土が乾燥してきたら、水やりを行います。必要な水の量は植物の種類によって違うので、盆栽や植物を購入するときは、水やりのタイミングや快適な環境についての情報を、お店の人に聞いておきましょう。

生長期の春夏と、休眠期の秋冬とでは、必要な水の量が違います。特に夏は、盆栽が乾燥しすぎないように気を付けてください。

水やりは鉢の底穴から水が出てくるまで、たっぷりと与えるのが基本です。根は360度すべての方向に伸びているので、まんべんなく水を与えます。葉に水をかけると、葉の表面についたホコリなどの汚れを落とす効果がありますが、基本的に葉に水をかける必要はありません。日中に水やりをする場合、葉に付いた水滴がレンズの働きをしたり、熱せられてお湯になることで、葉やけの原因になるので注意が必要です。葉が濡れた場合は、しばらく日陰に置いておくといいでしょう。

乾燥すると植物がしんなりしますが、これは植物にとって大きな負担になります。ひどい場合は根を傷め、このダメージからはなかなか回復できません。

大きめの盆栽の水やりに便利なジョウロは、なるべく取っ手からシャワーまでが長いものが使いやすい。

水やりの基本

水やりは、鉢底の穴から水が滴り落ちるまでたっぷり与える。鉢皿は、あくまでも盆栽の置き場所を汚さないためのもので、水を貯めておくものではない。水やりは鉢皿の上ではなく、キッチンや屋外などの濡れてもいい場所で行おう。

水やりには、大きい盆栽はジョウロ、小さい盆栽は霧吹きが使いやすい。

水やりのQ&A

Q1 水やりは朝にやるといいとよく聞きますが、本当ですか？

A1

植物にとっての朝とは、日の出を指します。日が昇り、夜露が葉に落ちることで、植物は朝を感じ、水を吸収し始めます。ただし、日の出とともに水やりをするのは現代生活では難しいので、夜のうちに水やりを行っておくといいでしょう。しかし、あくまでも、土が乾く前に水やりを行うことが原則になります。

屋内の植物もまた、空気中の水分の動きで朝を知ります。屋内の空気の動きを生み出しているのは、朝起きてドアを開けたりといった人間の動きです。ですから、不規則な生活リズムだと、植物にも悪影響を及ぼすことになります。

また、雨が降っていても、盆栽の土まで雨水が降りかかっているとは限らないので、植物の状態に応じて雨の日も水やりを行ってください。

Q2 土が乾燥しすぎて、水やりをしても水を弾いてしまいます。

A2

土が乾燥しすぎると水を弾いてしまいます。そんなときは、鉢の半分から八分目あたりの高さに水を張ったたらいに、盆栽を浸します。そうすると、鉢底の穴から植物が水を吸い上げることができます。十分に土が湿ったら水から取り出しましょう。

苔の場合は、全体に水を霧吹きでかけて、しばらく水をしみこませてから水やりをする方法もあります。

Q3 水のやりすぎは根腐れの原因になるとよくいわれますが、水はどの程度与えたらいいのでしょうか？

A3

根腐れが起きるのは、鉢の中のどこかに水がたまるのが原因です。本書で紹介している盆栽のつくり方は、土の水はけを重視しているので、水はたっぷりと与えてください。そうすることで、水とともに土中に空気と養分が送り込まれます。

Q4 水やりの水は水道水でいいのでしょうか？

A4

水道水の成分は地域によって多少異なりますが、カルキや塩素などの成分がないことに越したことはありません。可能なら、汲み置きした水を与えるのが理想的です。カルキや塩素などの成分は、一日汲み置きしておけば抜けます。水瓶などに水を張っておき、その水を灌水に使い、水が減ったら足しておく方法がいいといわれています。

また、浄水器を使うと植物に必要な成分も取り除かれるかもしれないので、使わないほうが賢明です。

Q5 長期間家を留守にする際は、どうすればいいでしょうか？

A5

もし、外出が一週間以内なら、鉢の半分から八分目の高さに水を張ったたらいに盆栽を入れ、日陰のなるべく涼しい場所に置いておけばいいでしょう。このとき、水に日が当たると根腐れの原因になるので注意します。帰宅したらすぐに水から盆栽を取り出して、たっぷり水を与えます。外にはすぐに出さずに、屋内のなるべく外の環境に近い窓際などに置き、徐々に外の環境に慣れさせましょう。

外出が一週間以上になる場合は、盆栽を購入したお店や、信頼のおけるお店に相談して預かってもらうといいでしょう。品品では有料で盆栽の預かりを受け付けています。

施肥

庭木と違い盆栽は、鉢という閉じた環境に根を張っているので、鉢の中の養分がなくなると、生育に支障をきたします。

肥料は主に窒素、リン酸、カリの3要棄からなります。窒素は葉を、リン酸は果実と花を、カリは幹と根を育てます。盆栽に適した肥料は、窒素6：リン酸10：カリ5といったリン酸が多いバランスで配合され、「葉を育てる」「根を育てる」といった用途に合わせて、配合が調整されます。

ただし、このバランスが大きく崩れると副作用が生じます。例えば、窒素が過多になると、葉の色は濃くなりますが、同時に軟弱になり病気や風に弱くなります。また、カリが過多になると、石灰とマグネシウムが吸収されにくくなり、植物の生長を阻害します。このように、誤った施肥は効果がないどころか悪影響を与えるので、植物の種類に合った肥料を正しい分量で与えるようにしてください。

肥料の種類には、速効性のある「液肥」、土の上に置くことで水やりのたびに溶け出して長期間効果が持続する「置き肥」、土に混ぜて使う「元肥」の3種類があり、施肥の役割は季節によって異なります。

植物の生育が止まる12月～2月には、有機質を主体とした元肥による施肥を行います。これを寒肥といい、春の生長期に効き目が現れます。また、6月の下旬には速効性のある液肥を与えます。花を咲かせる植物の場合は、エネルギーを消費した開花後に液肥を与えることで、植物への礼肥となります。

実は盆栽の施肥にはコツがあり、液肥の場合、肥料の説明書よりも薄く希釈して、その分、与える回数を増やした方が効果的です。人間はご飯を食べてから栄養を吸収するまでに少し時間がかかります。植物も同じように肥料を与え続けることで、より吸収しやすくなるのです。

病気などで植物の調子が悪くなったら、「活力素」が有効です。これは、鉄イオンや植物からの抽出液からできており、植物に肥料を吸わせたり、根や芽を出す活力を補給するものです。肥料と違い、毎日与えても大丈夫です。根腐れや乾燥で根が傷んでしまった場合や、植え付け時に与えるといいでしょう。

また、植物が弱っていると根から養分を吸収できなくなるので、葉に液肥をスプレーして葉から水分とともに吸収させる方法もあります。

肥料の種類と使い方

液肥

液肥は速効性が特徴です。しかし、植物が養分を吸収し始めるまでには時間がかかるので、規定の倍率より薄く希釈して、頻繁に与えるとより効果的です。霧吹きで鉢に散布するのが基本ですが、植物が弱っていると根から養分を吸収しづらくなるので、その場合は葉に散布して葉から吸収させる方法を採るといいでしょう。 水やりと同様に、鉢底から液が流れ出るまで散布します。

置き肥

置き肥は、土の表面に置くだけで、水やりのたびに養分が鉢中に溶け出し、1～2カ月効果が持続します。置き場所は基本的に鉢の端（写真上）。鉢の大きさに合った数を、鉢の四隅や三方、あるいは根を伸ばしたい方向に置きます。置き肥用のホルダーを利用すると、苔が焼けるといった被害を防ぐことができて便利です（写真下）。

液肥 ↓早く効果を発揮

ハイポネックス

植物の育成に必要な15種類の栄養素と、窒素、リン酸、カリを6：10：5で配合。水で薄めて鉢にスプレーして使用するが、濃度を薄めにして、その分与える回数を増やすとより効果的。

置き肥 ↓効果が長持ち

玉肥

一番圧さくした絞り油からつくられた、昔ながらの天然有機肥料。土壌を豊かにする効果があり、遅効性と緩効性が大きな特徴。

元肥 ↓土に混ぜて使う

マグァンプK

追肥と表示されているが、品品では、鉢をつくるときの土に混ぜて、元肥として活用している。

活力素 ↓活力を与える

メネデール

肥料とは違い、植物の光合成機能を高めるとともに、さまざまな植物フェロモンを活性化し、植物の生育を促す。調子を崩した植物のケアに効果的。

剪定

盆栽は整った形をしていますが、植物は日光を求めて葉を広げ枝を伸ばし、本来の姿に育っていきます。放っておくと枝が伸び、葉が大きくなるなどして樹形が変わり、盆栽が表現するスケール感が損なわれます。景色をつくり上げる盆栽では、木の迫力が欲しいので、不要な枝や葉をカットする剪定が必要です。

剪定の要領は、季節によって違います。枝や葉が生長する春と夏には、伸びた枝をどんどんカットし木の形を維持します。一方、葉が落ち植物が休眠期を迎える秋と冬には、来年の樹形を見据えて木の形を整えます。剪定に失敗したとしても、小さな景色盆栽はまだまだ生長するのであきらめることはありません。

剪定にはさらに、木の健康を維持する役割もあります。枝を伸びるがままにしておくと、枝の生長にばかり木の精力が使われます。また、大切な枝が伸びた枝の陰になり枯れてしまっては大変です。かわいそうな気もしますが、剪定は植物の健康を維持するためにも必要なのです。

ハサミの使い方

剪定には剪定バサミを使う。小さな景色盆栽では、小枝切りバサミを１つ用意すれば十分。細かい枝は刃先で、太い枝は、刃の根元を使ってカットする。

剪定のポイント

ポイント1 上の枝から剪定していく

剪定はまず、一番上の最も勢力のある枝から行う。幹が上に伸びていくのはいいが、枝が真上に伸びているのは盆栽の形を崩すので、真上に伸びている枝を選んで剪定する。剪定は葉を2、3枚残すのが基本だが、真上に伸びる枝に限っては付け根から大胆にカットする。上の枝がなくなることで枝振りがよく見えるようになり、次に剪定するべき枝が見えやすくなる。

ポイント2 大きな葉を剪定する

大きな葉があると、木として見た場合のバランスが崩れるので、ほかの葉に比べて大き過ぎる葉は剪定する。葉の剪定も1枚1枚ハサミで行う。指で引っ張り抜くのは枝を痛めるので厳禁。

ポイント3 枝や葉の方向を見る

木の形は、枝や葉が木の中心から外側に向かって伸びていると自然な印象になる。つまり、内側に向かっている枝や葉を剪定していくことで、木の形を整えることができる。また、樹形にとって大切な枝に覆い被さっている枝や葉も、剪定の対象になる。

ポイント4 枯れ込んだ枝を剪定する

剪定を進めていくと、上の枝や葉の陰になり枯れ込んだ枝がたくさん見えてくる。これらもすべて剪定する。樹形を形づくるのに大切な枝が、ほかの枝の陰になって枯れるのを防ぐことも、剪定の大切な役割だ。

病気・害虫予防

植物は病気になったり寄生虫が付いたりします。病害虫に感染した場合の症状はさまざまで、原因を特定するのは難しく、的確な治療を行うのは困難です。特に、繊細な盆栽の場合、病害虫の被害が樹形や植物の生育に大きな、ときに致命的な影響を及ぼします。病害虫に感染する前の予防が大切です。

病害虫予防の第一歩は、盆栽を本書の解説通りに正しく健康に育て、抵抗力を付けることです。さらに、園芸薬品を利用すれば、より予防効果が高まります。品品では、「トリフミン」と「モスピラン」、それに展着剤を混ぜて散布しています。

ここでは盆栽の代表的な園芸薬品と病害虫を紹介しますが、植物と病害虫の種類ごとに効果のある薬品が違いますので、盆栽専門店や園芸専門店などで相談して購入するようにしてください。

代表的な園芸薬品

よく説明書を読んで正しく使用しましょう。

殺虫剤

モスピラン

アブラムシなどの害虫の予防と駆除に効果を発揮。植物に浸透するので、効果が長持ちする。

殺菌剤

トリフミン

幅広い植物のうどんこ病、黒星病などの予防と治療に効果を発揮する。

展着剤

グラミンS

散布する薬品に混ぜることで、植物に薬品を付着しやすくする。

ペースト状殺菌剤

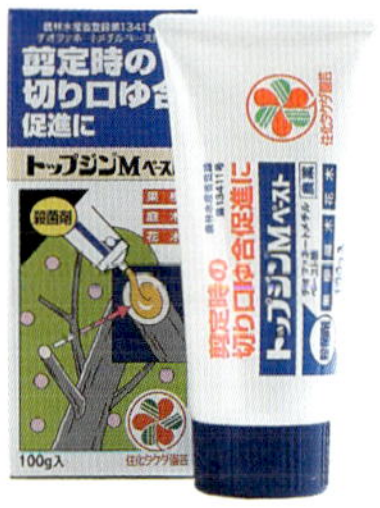

トップジンMペースト

剪定した切り口に塗ることで、病原菌の感染を防ぐ。また、切り口の治りを早める効果もある。

病気対策

注意しなければならない病気

盆栽で注意しなければならない病気に、「うどんこ病」「斑点病」「黒星病」「褐斑病」などがあります。

予防方法

これらの病気は植物の種類によっても異なりますが、殺菌剤である「トリフミン」などを定期的に散布することで予防できます。一般的な「トリフミン」の使用方法は、植物の種類ごとに定められた希釈倍数で薄めて、霧吹きで散布します。このとき、「グラミンS」などの展着剤を混ぜれば、散布した薬品が植物に定着しやすくなり、より効果的です。

散布は風の少ない曇りの日に屋外で行います。なるべくノズルの長い霧吹きを使用して、ビニール手袋を着用して、肌に薬品がかからないように注意します。また、マスクをして鼻や口から吸い込まないように注意する必要もあります。もし、肌や衣服に薬品が付着した場合は、すぐに水で洗い流しましょう。

盆栽には剪定が欠かせませんが、剪定した切り口が、病原菌の進入経路になる場合もあります。これを防ぐために、切り口に「トップジンM」などのペースト状の殺菌剤を塗っておきましょう。

治療方法

万が一病気が発症した場合にも、「トリフミン」で治療効果が期待できます。

褐斑病

植物ごとに病徴も病原も異なるが、一般に、葉に褐色や黒色の斑点が生じる。斑点が増加し広がっていくと、斑点以外の葉の部分が黄色く変色して落葉する。病原菌は越冬し、翌年春に新葉に伝染するので、発症した葉は剪定する。有効な薬剤は、植物や病原菌ごとに異なる。5～7月、9～11月に発生しやすい。

黒星病

植物ごとに病徴も病原も異なるが、一般に、葉に円形の黒色の斑点が生じ広がっていき、最後には落葉する。落葉した葉は感染源になるので、速やかに処分すること。効果のある薬剤も植物ごとに異なるが、「トリフミン」が有効な植物もある。発生しやすい時期が4～11月と長く、特に梅雨どきには多発する。

斑点病

葉や茎に褐色の斑点が生じる。植物ごとに病原はさまざまだが、多くの場合は風や雨水などの水を経由して植物に付着する。斑点は次第に拡大し、葉や茎がねじれ枯れることもある。発病した場合は、病気の葉や枝を切り落とし、すぐに処分すること。暖かく湿度の高い時期に発生しやすい。

うどんこ病

うどんこ病は、胞子が風で運ばれて植物に寄生する。寄生された植物は、葉に菌糸が繁殖し、白い粉のような斑点が付着したように見える。葉の表面がうどんこ病に覆われると光合成が行えず、植物の生育が阻害される。細菌が繁殖しやすい高温で湿度が低い5～7月、9～10月に発生しやすい。

害虫対策

注意しなければならない害虫

盆栽で注意しなければならない害虫は主に、「アブラムシ」「カイガラムシ」「ハダニ」「ナメクジ」などです。

予防方法

「アブラムシ」の予防には「モスピラン」が有効です。植物の種類ごとに定められた希釈倍数で薄め、霧吹きで定期的に散布しましょう。

散布する際の注意点は、病気対策の「トリフミン」と同様で、風の少ない曇りの日に屋外で行います。また、ノズルの長い霧吹きを使用し、ビニール手袋とマスクを着用して肌への付着と鼻や口から吸い込むのを防ぎます。「グラミンS」などの展着剤を混ぜておくことで、散布した薬品が植物に定着しやすくなり、より効果的になるのも「トリフミン」と同様です。

駆除方法

「アブラムシ」の駆除にも「モスピラン」は有効です。

「カイガラムシ」と「ハダニ」には「マラソン乳剤」が有効です。植物の種類ごとに定められた希釈倍数で薄めて散布します。そのほかの注意点は「トリフミン」と同様です。

「ナメクジ」は、鉢の底などに隠れていることが多いので、たまに鉢底などを確認し、見つけたら取り除きましょう。

ナメクジ

夜行性で、昼間は植木鉢やプランターの陰に隠れており、夜になると、葉や花弁、果実などを食害する。這い回ったあとには粘液の筋が残り、ナメクジやウスカワマイマイ（カタツムリ）だと判別できる。1年中姿を見せるが、特に4～6月、9～10月に被害が増えるので、たまに鉢底などを覗いて、駆除するようにする。

ハダニ

ダニの仲間で、葉に寄生し吸汁する。吸汁した跡は白色や褐色の斑点となり、光合成を阻害する。大きさは種類にもよるが、成長しても0.3～0.5mm程度で、見つけづらい。発生数が多くなると、クモの糸に似た糸を植物に張り巡らす場合もある。3～10月に発生し、高温で乾燥する9月頃に繁殖が盛んになる。

カイガラムシ

ほとんどの植物に寄生し、吸汁して生育を阻害し、ひどい場合は枯死させる場合もある。カイガラムシの排泄物によって「すす病」を引き起こすこともある。成虫は殻やろう物質で覆われているため、駆除が難しく、見つけたら植物を傷つけないように、歯ブラシなどでこすり落とす。一年中発生する。

アブラムシ

葉や茎、枝、新芽、花弁などに群生し、吸汁して植物の生育を阻害する。吸汁は、口針を植物に差し込んで行うため、ウイルス病や細菌病などの感染源にもなる。アブラムシは種類が多く、大きさや色もさまざまだが、体長は2～4mmで、薄緑色や暗褐色のものが多い。4～6月、9～10月に特に多く発生する。

盆栽のつくり変え

盆栽は、時間が経つにつれ変化していきます。例えば、寄せ植えは強い植物や外部から飛んできた種から生えた植物に栄養が取られ、弱い植物はダメージを受け、ひどい場合は枯れることもあります。虫の食害にあった苔は再生に時間がかかります。また、木の枝ぶりが変わって景色も変化し、下草などの添えが合わなくなったり、冬につくった盆栽が夏になり、季節感が崩れることもあります。そういった盆栽の変化とは別に、気分が変わって鉢を変えたくなることもあるでしょう。

そんな場合は、盆栽のつくり変えに挑戦してみましょう。つくり変えにはメンテナンスの意味もあり、新鮮な土に入れ替えることで植物が元気になります。普段目にできない根の状態を見て、根腐れしやすい部分をカットするなど、手入れをする機会でもあります。

つくり変えの手順は、基本的に新しい盆栽をつくるのと同じです。

つくり変えの後、しっかり根付かせるためには、作業を春先に行います。ただし、根をカットしない場合は冬に行ってもかまいません。花が咲き、実が成る盆栽は、秋に行ってもいいでしょう。

盆栽は時間が経つと、根が鉢じゅうに廻り、土が痩せて根腐れを起こしやすくなるので、4〜5年ごとにつくり変えたほうがいいでしょう。また、土壌が酸性になり葉が落ちたり、水はけが悪くなったりといった症状が出た場合も、つくり変えのタイミングです。

BEFORE

ヤマモミジと
ヤマゴケの盆栽

AFTER

ヤマモミジとバイカオウレン、フイリタマリュウ、
ビロードゴケの盆栽につくり変え

◎つくり変えの手順

ここでは、ヤマモミジとヤマゴケの盆栽から、ヤマモミジにバイカオウレンとフイリタマリュウを寄せ植えして、ビロードゴケを張った盆栽につくり変えます。

材料

苗

バイカオウレン

フイリタマリュウ

ビロードゴケ

土

用土
赤玉土３：富士砂１：ケト土１の配合

鉢底石
富士砂（中粒）

砂

鞍馬砂

1 枯れている枝をカットする。枯れている枝は色が変わっており、触ると簡単に折れる。

2 外部から飛んできた種から生えた植物を取り除く。

3 苔をはぐ。

4 植物を鉢から取り出し、土を丁寧に落とす。根の状態をしっかり確認し、根腐れしやすい根はカットする。

5 P.38 ～ 41 の寄せ植え盆栽のつくり方の手順にならって、ヤマモミジにバイカオウレンとフイリタマリュウを寄せ植えし、ビロードゴケを張る。

6 仕上げに鞍馬砂を敷いて盆栽を完成させる。

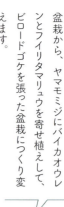

お手入れカレンダー

盆栽は生き物ですから、四季折々の季節に合った手入れが必要です。盆栽の形を整える冬、植え替えや寄せ植えに適した芽吹きの春、盆栽にとっても厳しい環境となる夏、花や実、紅葉が楽しめる秋――それぞれの季節ごとに、水やりや剪定、肥料の与え方まで、さまざまです。

ここでは、関東地方の気候をもとにお手入れカレンダーをまとめましたが、植物の種類によってもお手入れ内容は異なります。例えば、海の近くに生育している草ものなどの植物は、土壌に蓄積されたさまざまな養分に恵まれた環境に適応しているので、盆栽でも肥料が必要です。一方、養分の乏しい山の上に生育している植物はそれほど肥料を必要としません。

松柏類の場合は、10～12月が新しい葉が出はじめる1年で一番元気な季節です。お正月にちょうどいい葉になり、3月ぐらいになると松の緑が出てくるので、これを3分の1ほど残してカットします。残った部分からは夏に大きな葉が付くので葉を剪定します。また、同時に小さな葉が出てくるので、古い葉も剪定しておくと、秋にきれいな葉が生えます。

1月

1月は1年で最も作業の少ない時期です。一鉢ずつ盆栽をじっくり観察して、入り込んだ雑草を取り除いたり、割れた鉢や、植物が生長し小さくなった鉢を植え替えたりしましょう。また、本を読んで、春に植える植物を選んだり、お正月用につくった盆栽が傷んだり弱ったりしている場合は手入れを行います。1～3月は、盆栽は外に出しっぱなしにしておくのがいいでしょう。

2月

草ものは秋に立ち枯れますが、死んでしまったわけではありません。すぐに切らずにそのままにしておきます。これは冬の間の寒さから根を守るためです。2月に入って一番寒い時期が過ぎたら、立ち枯れた草ものを根元からカットします。また、枯れ葉を取り除き、新芽が出やすくします。2月後半から4月までは植え替えの季節なので、株分けは根が休眠しているこの時期に行いましょう。

3月

春の芽吹きが始まり、植物が一番かわいらしく見える3月は、植え替えや寄せ植えにチャレンジするのに最適です。光を求めて大きくなったり間隔が開いた葉や枝は、盆栽のスケール感を崩すので剪定します。植物の活動が始まると急に水を吸うようになります。冬の間は週1度や3日に1度で十分だった水やりが毎日必要になるなど、注意が必要な時期です。盆栽を枯らさないようにしましょう。

4月

4月は葉ものが生長します。この時期に陽にたっぷり当てることで植物の根がしっかりと育つので、盆栽は日当たりのいい外に出しておくといいでしょう。ただし、植物が大きく生長し過ぎると盆栽の風情が楽しめなくなるので、肥料は薄めに与えて調整します。生長期が始まるこの時期はまた、根を分けたり切ったり、株分けしたり、苔玉をつくるのに最適な時期です。

9月

お彼岸のころになると株分けや植え替えができるようになります。ただし、残暑が厳しい場合は見送ります。この時期に植え替えを行うと冬までに根が十分伸びるので、春の芽出しが自然な形になります。夏に日陰に置いていた盆栽は日なたに出しておくことで、秋に付ける花や実が元気になります。また、この時期に肥料をしっかり与えることで、翌年の芽吹きがよくなります。

10月

９月に引き続き、植え替えや株分けに適した時期です。植え替えや株分けを行った盆栽は陽に当て、活着を促します。花が咲いた後には礼肥を忘れずに。この時期は葉が枯れるので、花や実に集中して効く肥料を選ぶといいでしょう。また、枝の生長も止まるので、冬の姿を楽しむための剪定を行ったり、来春の樹形を考えて、針金で枝を曲げたりする時期でもあります。

11月

関東では紅葉の時期です。朝夕の冷え込みと日中の温度差があればあるほど、紅葉はきれいになります。山野草は基本的に寒さに強いので、きちんと屋外に出し、寒さに当て、植物に季節を感じさせます。落ちた葉は、自然界では養分になりますが、盆栽では養分は人間が与えるので、きれいに取り除いておきましょう。葉が落ちた時点で、いらない枝を見極めて剪定します。

12月

霜の降りる日が多くなるので、根を痛めたくない盆栽は屋内や軒下に置いて霜を避けます。ただし、桜は翌春に花を咲かせるため、この時期に寒さにしっかり当てましょう。クリスマスやお正月を飾る盆栽づくりを楽しむ時期でもありますが、根が休眠しているので寄せ植えをしても根を傷める心配が少なくて済みます。ただし、実のある植物には、養分が必要なので注意しましょう。

5月

５月は花の咲く植物が最も多くにぎやかになります。植物が生長する時期に入るので、よく陽に当て、蒸れないよう風通しに気を付けます。肥料は少なめが基本ですが、花の終わった後には礼肥としてしっかり与えます。害虫が出始めるのもこの時期なので、病害虫の対策を始めます。春は葉や茎が伸びるので、葉や茎を育てる配合の肥料を選ぶといいでしょう。

6月

紫外線が多く、葉やけの心配がないこの時期は、植物が元気に育ちます。しかし、梅雨のこの時期はカビが原因の病気が発生したり、光不足などの害が発生するので、しっかりとした管理が必要です。また、雨が多いからといって、外に置いてある盆栽の水やりを怠るのは禁物です。雨だけでは土全体まで水が行き届かない場合が多いので、水やりはしっかり行いましょう。

7月

葉やけを起こしたり、葉が黄ばんだり赤くなりやすい時期なので、液体肥料を与えて葉の色を緑に保ちましょう。７月の半ばぐらいまでに、鉢づくりや植え替えは終わりにします。また、気温が高くなるので、水やりは朝夕の２回必要になります。特に夕方は、葉にも水をたっぷり与えて冷やすといいでしょう。一方、水草が生長する時期でもあるので、水草類を育てるのに適した時期です。

8月

８月のポイントは水やりに尽きます。日中の水やりは葉やけなどの原因となるので、なるべく早朝と夕方、あるいは夜に行います。水涸れと肥料切れで葉が黄ばんだ盆栽は、日陰に置いて休息させます。水分も養分も必要な時期なので、たまに薄めた液体肥料を与えてもいいでしょう。この時期の植え替えは禁物ですが、どうしてもという場合は、鉢の土をそのまま植え替えるようにしましょう。

〈うつくしい・愛らしい景色盆栽の世界〉

本書の著者である小林健二さんがつくり出す
うつくしくて愛らしい景色盆栽の数々をご紹介します。
鉢の中に広がる自然の景色は、
見る者に癒しや華やぎを与えてくれるでしょう。

本書に掲載した盆栽などの商品は、品品で購入できます（一部非売品あり）。ただし、盆栽は植物であり、すべて一点ものですので、個体差があり、また季節により状態は異なります。通信販売、各種ご相談を承ります。詳細は、品品までお問合せください（問合せ先は、13ページ）。

**クロマツ
＋イワナンテントリカラー
＋ヤマゴケ**

15,000円

和の雰囲気が色濃い文人スタイルのクロマツを主木に、西洋種のイワナンテントリカラーを添えに用いた和洋取り合わせの妙。イワナンテンの新芽の赤みと、鉢の赤銅色が調和している。

**イワシデ
＋コケモモ
＋ヤマゴケ**

8,500円

曲（ぎょく）がついた懸崖のシデ。幹のラインを味わい楽しむ盆栽である。足元には寂しさを紛らわすコケモモが添えられている。コケモモはピンク色の花を咲かせる。

アカエゾマツ
＋ヤマゴケ

8,500円

鉢のスマートなストライプ柄に合わせて背の高いアカエゾマツを双頭で植え、風雪に耐える北国の針葉樹の景色をつくった。目の細かい鞍馬砂を敷くことで遠景に見え、よりスケール感が増している。

キヨスミシラヤマギク
＋バイカオレン
＋ヤマゴケ

6,000円

山に生い茂る野草のようなみずみずしさが感じられる、草ものを主とした寄せ植え。キヨスミシラヤマギクの愛らしい薄紫色の花は長期間楽しめ、モダンな雰囲気の鉢との相性もよい。

ケヤキ
＋ヤマゴケ

15,000円

すくすくと元気よく伸びるケヤキの姿を鉢の中に表した。よりシンプルに植えることで、凛とした趣が感じられる。小さな丘の上の大木をイメージさせる。

アワモリショウマ
＋ヤマゴケ

4,500円

多年草のアワモリショウマは、毎年初夏に愛らしい白い花を咲かせ、秋には紅葉も楽しめる。花の白さと苔の緑のコントラストを白い鉢がより引き立たせ、爽やかに初夏を彩る。

フジブナ＋ヤマゴケ

6,500 円

雑木であるブナは寄せ植えもきれいだが、枝ぶりの自然な感じを生かし、あえて一本ものとしてつくった。清々しく凛とした佇まいが、シンプルなインテリアに映える。

シンパク＋ヤマゴケ

5,000 円

シンパクの葉とヤマゴケの玉が対になった面白い苔玉。苔玉としてシンプルにつくることで、くねくねとした幹も楽しめる。

ニレケヤキ＋ヤマゴケ

65,000 円

通常は土に埋まっているニレケヤキの根の形を生かした、懸崖とも根上りともとれる独創的な盆栽。棚の上に飾ったり、背の高い飾り台などに置くと、垂れ下がった樹形の存在感が際立つ。

コハウチワカエデ
＋クラマシダ
＋ヤマゴケ

65,000 円

野趣がある自然の風合いを生かした鞍馬鉢の上に、草木が生い茂る里山の林を再現した。1 本ずつは頼りなく華奢なカエデも、寄り添い合うように植えることで力強い生命の息吹が感じられる。

スイレンボク
＋クラマシダ
＋ヤマゴケ

8,000 円

トルコブルーの鉢と、梅雨の時期に睡蓮のような花を咲かせるスイレンボクで水辺を表現。涼しげな青とピンクがかった紫の花の鮮やかさが、梅雨どきの鬱々とした気持ちを晴れやかにしてくれる。

ヒノキ＋ビロードゴケ

8,500 円

小さな鉢の中に壮大な景色が浮かぶダイナミックな盆栽。カナダや北欧の樹林をイメージして制作。まるでヒノキの木が生う丘陵の間の小路を歩くように、涼やかな気分に浸ることができる。

はりねずみ（10,000円）

はりねずみ・子（6,500円）

ひつじ（9,000円）

なまけもの（8,000円）

ねこ（9,000円）

かめ（8,500円）

ヤマゴケ

デザイン・青木有理子、製造・能作の動物型の鉢を使った苔盆栽の数々。ヤマゴケの特徴である半球状に盛り上がる葉を、動物たちの毛並みに見立てた様が愛くるしい。プレゼント用としても喜ばれている。

ひなどり・錫（左）、ひなどり・真鍮（右）
（各3,000円）

シンパク＋ギンゴケ

シンパク（12,000円）、ギンゴケ（各3,500円）

シンパクの葉を含め、ポンポンポンポンと4つの緑のかたまりが点在する姿がかわいらしい盆栽。通常、「生」と「死」を連想させるシンパクが、ここではやさしい雰囲気を醸し出し、部屋の中のグリーンとして楽しめる。

アカマツ＋ヤマゴケ

8,500円

反懸崖のアカマツが、厳しい自然環境の中でも負けじと生きている姿をイメージした。梢を削ることで枯れを表現し、野趣のある作品に仕上げている。

コマユミの四季

春

3月9日 最影

40cm四方の広い鉢に武蔵野の林が広がる。1つ残る赤い実に冬の名残りを感じるとともに、これから迎える春の風情が感じられる。玄関など人目につく家の象徴的な場所に置きたい。

夏

7月6日 撮影

葉が生え、初夏のさわやかさが感じられるようになった。足元には黄緑色の明るめの苔が旺盛に生えてきており、活発に生きる自然が表れている。幹も緑がかっている。

秋

10月25日 撮影

鉢が全体的に落ち着いてきた印象。夏が終わり、葉の色が深い緑に落ち着いたかと思うと、ところどころ赤く色づき始めている。朝晩の冷えが身にしみて伝わってきそうだ。

冬

12月4日 撮影

真っ赤に紅葉した葉が落ち、幹色とともに冬の到来を感じさせる。冬は幹や枝振りを楽しもう。春先の枝振りと比べるとひと回り大きくなり、たくましく成長しているのがわかる。

コハウチワカエデ
＋クラマシダ
＋ヤマゴケ

20,000 円

生命力を感じさせるシダを添えに用い、春の芽吹きをイメージして温かみのある鉢に植え付けた。カエデに高低差を付け、鉢口が広い皿鉢を用いることで、空間の奥行き、広がりを表現。

ロウヤガキ＋ビロードゴケ

18,000 円

鮮やかで特徴のある形のロウヤガキの実を鑑賞するために、枯れた葉をすべて落とした。根元にコケの丘をつくることで、実がさらに際立っている。たわわに実った実の重量感が、収穫の季節を感じさせる。

コケモモカマツカ＋ヤマゴケ

10,000 円

いつ実がなるかワクワクするような、丘の上に生えたリンゴの樹をイメージした景色。初夏に可憐な白い花が咲き、秋冬にかけて真っ赤な実をつけるコケモモカマツカは、四季を通して堪能できる。

シマトネリコ＋ヤマゴケ

7,500円

コケはシンプルに、木は広がりを持たせて制作。まるい丘の上に広がる新緑の林をイメージ。シマトネリコを使うことで無国籍な雰囲気が漂う。

マンリョウ＋ナンテン＋バイカオウレン＋ヤマゴケ

25,000円

迎春に合う盆栽。マンリョウとナンテンの赤と緑は縁起がいい。ピカピカな真鍮の鉢が豪華で、現代の和の華やかさを表現した。

トクサ＋クラマシダ＋ヤマゴケ

8,000円

トクサを竹に見立てて、夏の竹林をつくった。竹林の向こうから小川のせせらぎが聞こえるかのよう。スッと伸びたトクサが清々しい。

ヤマモミジ＋ヤマゴケ

9,500円

白い矢作砂を使って涼やかな庭園の一部を再現。ヤマモミジの苗の1本1本はやや頼りないが、寄せ合うことで補完し、安らぎの景色を形づくっている。

ミヤマリンドウ＋クラマシダ＋ヤマゴケ

8,000円

鞍馬の器で野の里山をひとすくいして、鉢に収めたイメージ。自生するクラマシダとリンドウの自然の風景を1：1のスケールで楽しもう。

トウカエデ＋ヤマゴケ

10,000円

トウカエデ（唐楓）は中国原産のカエデで、紅葉が美しい。この鉢はトウカエデの林の中を走る路の景色をつくった。新緑から紅葉まで四季折々楽しめる。

宮坂醸造のしつらい

長野県諏訪市・宮坂醸造のしつらい。外には立派な庭が広がっているので、家の中にも庭を引き込むようなイメージで小さな自然を取り入れ、季節を楽しむというコンセプト。デザインされたコンクリートブロックを石畳に見立てて洒落た室内の庭をつくっている。

ヤマモミジ＋ヤマゴケ

6,500円

コンセプトは「畳の間に手のひらサイズのモミジを」。盆栽を眺め楽しみながら日本酒をたしなみたい。

ヤマモミジ＋ヤマゴケ

12,000円

「季節の緑のしつらいを玄関に」がテーマ。ドアを開けると新緑のヤマモミジがお出迎え。

コハウチワカエデ＋ヤマゴケ

6,000円

化粧砂を引き込み、枯山水のような景色を表現。シンプルに植えることで、コハウチワカエデの葉の特徴的な形状をより引き立たたせた。葉が大きめなので見ごたえがある。

ヤマモミジ＋ヤマゴケ

5,500円

錫の鉢を使用し、ヤマモミジをモダンに仕上げた。丘の上の一本木にも見えるし、離れ小島にも見える。シンプルな盆栽なので、置き場所や見方によっていろいろ楽しめる。

リュウビンタイ

45,000円

斉藤志磨氏作の盆栽鉢「鉄軸」に大型のシダ、リュウビンタイを収める。一見、リュウビンタイは観葉植物のような洋風のイメージだが、鉢と富士砂で和モダンな盆栽に仕上げた。

ヤマモミジ＋ヤマゴケ

4,800 円

横に流れるヤマモミジの枝ぶりが美しい盆栽。高さ20 センチ程度と小ぶりではあるが、秋になれば紅葉を楽しめ、室内でも季節の移ろいを十二分に感じられる。

ハクチョウゲ＋ヤマゴケ

5,500 円

ハクチョウゲの白い花、白い斑入りの葉に合わせるように白の丸鉢を選び、現代的な洋風の部屋にも似合う盆栽に仕上げた。ハクチョウゲは常緑なので通年楽しめる。

コナラ
＋ヒメセキショウ
＋ヤマゴケ

30,000 円

コナラの美しい幹枝の流れを生かした景色。木のシンプルさを生かして、足元に至るまで全体的にあえてシンプルに制作。金属（錫）の鉢を使うことで、人工的な趣を表現している。

コハウチワカエデ＋ヤマゴケ

6,000 円

化粧砂を引き込み、枯山水のような景色を表現。シンプルに植えることで、コハウチワカエデの葉の特徴的な形状をより引き立たせた。葉が大きめなので見ごたえがある。

ヤマモミジ＋ヤマゴケ

5,500 円

錫の鉢を使用し、ヤマモミジをモダンに仕上げた。丘の上の一本木にも見えるし、離れ小島にも見える。シンプルな盆栽なので、置き場所や見方によっていろいろ楽しめる。

リュウビンタイ

45,000 円

斉藤志磨氏作の盆栽鉢「鉄軸」に大型のシダ、リュウビンタイを収める。一見、リュウビンタイは観葉植物のような洋風のイメージだが、鉢と富士砂で和モダンな盆栽に仕上げた。

ヤマモミジ＋ヤマゴケ

4,800 円

横に流れるヤマモミジの枝ぶりが美しい盆栽。高さ20センチ程度と小ぶりではあるが、秋になれば紅葉を楽しめ、室内でも季節の移ろいを十二分に感じられる。

ハクチョウゲ＋ヤマゴケ

5,500 円

ハクチョウゲの白い花、白い斑入りの葉に合わせるように白の丸鉢を選び、現代的な洋風の部屋にも似合う盆栽に仕上げた。ハクチョウゲは常緑なので通年楽しめる。

コナラ
＋ヒメセキショウ
＋ヤマゴケ

30,000 円

コナラの美しい幹枝の流れを生かした景色。木のシンプルさを生かして、足元に至るまで全体的にあえてシンプルに制作。金属（錫）の鉢を使うことで、人工的な趣を表現している。

実際の景色と景色盆栽

128ページのコマユミの景色盆栽の近くに飾って眺めてみると、実際に自分が雑木林に立っているかのように感じられる。林の向こうに何があるのだろう…。

あたらしい盆栽の教科書

ちいさな景色盆栽をつくる・愛でる・育てる

2017年9月30日　初版第1刷発行

著　者　小林健二

発行人　澤井聖一
発行所　株式会社エクスナレッジ
〒106-0032 東京都港区六本木7-2-26
http://www.xknowledge.co.jp/

問合せ先
編　集　FAX 03-3403-0502／info@xknowledge.co.jp
販　売　TEL 03-3403-1321／FAX 03-3403-1829／
info@xknowledge.co.jp